DESENVOLVENDO BLOGS E SITES COM

WORDPRESS

SEM PROGRAMAÇÃO

Desenvolvendo Blogs e Sites com Wordpress sem Programação

Copyright© Editora Ciência Moderna Ltda., 2011

Todos os direitos para a língua portuguesa reservados pela EDITORA CIÊNCIA MODERNA LTDA.

De acordo com a Lei 9.610, de 19/2/1998, nenhuma parte deste livro poderá ser reproduzida, transmitida e gravada, por qualquer meio eletrônico, mecânico, por fotocópia e outros, sem a prévia autorização, por escrito, da Editora.

Editor: Paulo André P. Marques
Produção Editorial: Aline Vieira Marques
Revisão: Nancy Juozapavicius
Capa: Carlos Arthur Candal
Diagramação: Abreu's System
Assistente Editorial: Vanessa Motta

Várias **Marcas Registradas** aparecem no decorrer deste livro. Mais do que simplesmente listar esses nomes e informar quem possui seus direitos de exploração, ou ainda imprimir os logotipos das mesmas, o editor declara estar utilizando tais nomes apenas para fins editoriais, em benefício exclusivo do dono da Marca Registrada, sem intenção de infringir as regras de sua utilização. Qualquer semelhança em nomes próprios e acontecimentos será mera coincidência.

FICHA CATALOGRÁFICA

COURY, Sergio Ayroza

Desenvolvendo Blogs e Sites com Wordpress sem Programação

Rio de Janeiro: Editora Ciência Moderna Ltda., 2011.

1. Informática
I — Título

ISBN: 978-85-7393-993-4   CDD 001.642

Editora Ciência Moderna Ltda.
R. Alice Figueiredo, 46 – Riachuelo
Rio de Janeiro, RJ – Brasil   CEP: 20.950-150
Tel: (21) 2201-6662/ Fax: (21) 2201-6896
E-MAIL: LCM@LCM.COM.BR
WWW.LCM.COM.BR

DESENVOLVENDO BLOGS E SITES COM

WORDPRESS

SEM PROGRAMAÇÃO

SERGIO AYROZA CURY

Dedicatória

Dedico aos meus filhos Pedro, Henrique, Rodrigo e Gabriela.

Sumário

Introdução 1
    Ministério da Cultura 2
    Wall Street Journal Magazine 3

Capitulo 1: Wordpress.com x Wordpress.org 7
    Wordpress.com 7
    Wordpress.org 9

Capítulo 2: Criando um Servidor Web 13
    Instalando Wampserver 14

Capítulo 3: Instalando o Wordpress 19

Capitulo 4: Configurações Iniciais 23

Capítulo 5: Páginas e Posts 25
    Blog 25
    Site 25
    Opções Adicionais Para Posts 33
    Opções Adicionais Para Páginas 34

Capítulo 6: Usuários 37

Capítulo 7: Temas e Widgets.. 41

    Widgets 44

    Temas 45

Capítulo 8: Escolhendo um tema... 49

    Opções do Tema Panorama.. 53

    Widgets 54

Capítulo 9: Plugins... 57

Capítulo 10: Criando o site.. 61

    Página HOME.. 64

    Página de Vídeos... 71

    Página Blog 72

    Página Contato 73

    Endereço da Empresa 77

    Opções:.. 80

Capítulo 11: Disponibilizando na Internet................................ 83

    Definir uma URL... 83

    Contratar uma empresa de hosting 84

    Criar o banco de dados... 85

    Configurar o Wordpress 86

    Enviar Wordpress para o Hosting...................................... 87

    Acessando o Wordpress 89

    Segurança.. 89

Capítulo 12: Estatísticas do Site.. 93

    Wordpress.com Stats 94

    Wassup 95

SPAM 95

SPIDERS 95

Google Analytics 97

Capítulo 13: Seo 101

All in One Seo Pack 102

Google XML Sitemaps 106

Capítulo 14: Divulgando o site 107

Links 107

Avançadas 109

Mídias Sociais 109

Twitter 110

Facebook 111

Sociable 113

Orkut 114

Follow Me 115

RSS Feeds 116

Enquetes 120

Capítulo 15: Links Patrocinados 123

Locais, idiomas e dados demográficos 125

Redes, dispositivos e extensões 126

Lance e Orçamento 126

Capítulo 16: Anúncios no Site 129

Capítulo 17: Backup 135

ables 136

Backup Options 136
Scheduled Backup 137
Recuperando o Site 137

Capítulo 18: Wordpress Multi Usuário 139

APÊNDICE I: Plugins Úteis 143

PodPress 143

WP-Post Views 143

Popularity Contest 143

Mail Press 144

WPTouch Wordpress Plugin 144

WP Super Cache 144

Multi Level Navigation Plugin 144

kPicasa Gallery 144

Wordpress Flickr Manager 144

Wp-visitors 145

Easy SMS 145

cForms II 145

APÊNDICE II: Sites úteis 147

WORDPRESS 147

INTRODUÇÃO

Na última década ocorreu uma grande mudança comportamental em função da internet, mais até do que a que ocorreu na invenção do rádio e da TV. Mudou a forma de trabalhar, estudar, pesquisar, comprar, vender e principalmente se comunicar. Uma das ferramentas que mais se popularizou com estas mudanças todas foram os diários online, ou blogs, abreviação de Web Logs.

A facilidade de uso e a integração entre quem escreve e quem lê foram os principais responsáveis por essa popularidade, e o que inicialmente era um serviço para publicação de diários pessoais online se tornou uma poderosa ferramenta de informação e entretenimento, usada por adolescentes, jornalistas e até por grandes corporações.

Em 2007 o site Technorati, responsável por catalogar os blogs existentes no mundo, estimou em mais de 100 milhões o número de blogs ativos. Um dos responsáveis por toda esta popularidade é o software desenvolvido pela Wordpress.org para criação de blogs.

Ele se tornou a ferramenta para criação de blogs mais robusta no mercado, com mais de 8.500 aplicativos que aumentam suas funcionalidades e mais de 1.200 temas disponíveis gratuitamente para alterar a aparência.

O que foi criado inicialmente para organizar os posts de um blog se tornou um poderoso gerenciador de conteúdo e acabou se tornando inclusive uma ferramenta para criação de sites de grandes corporações.

Exemplo de sites desenvolvidos com Wordpress:

Ministério da Cultura

http://www.cultura.org.br

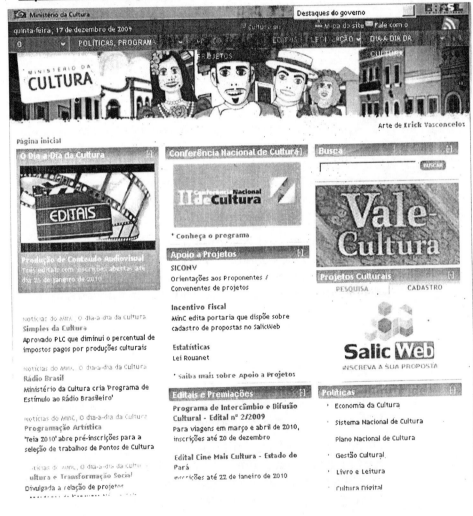

Introdução — 3

WALL STREET JOURNAL MAGAZINE
http://magazine.wsj.com

Hoje em dia, tão importante quanto a aparência e a funcionalidade do site é sua otimização, para que possa ser encontrado nos sites de busca. As pessoas não navegam mais na internet, elas fazem buscas, e na maioria das vezes através dos sites Google, Yahoo! e MSN. Pesquisas mostram que 85% das pessoas, ao fazer uma busca na internet por um determinado assunto, acabam clicando nos primeiros sites que aparecem na primeira página e muitos poucos passam da segunda ou terceira página. Ser bem posicionado nos sites de busca é essencial para o sucesso de qualquer site ou blog.

Para ter um bom posicionamento nesses sites de busca, os sites necessitam estar otimizados de acordo com várias regras conhecidas como SEO, abreviação de Search Engine Optimization, ou Otimização dos Mecanismos de Busca. Essas regras são bem amplas e funcionam de acordo com algoritmos criados por essas empresas e mantidos em segredo, mas algumas são conhecidas e podem ser implantadas em seu projeto.

Frequência de atualização das páginas faz parte dessas regras, e os sites atualizados com mais frequência acabam aparecendo na frente dos que tem menos frequência de atualização. Muitas corporações estão optando por incluir blogs e notícias dentro de seus sites para que eles tenham uma atualização mais dinâmica.

Esta combinação de sites e blogs se encaixa perfeitamente nas possibilidades de criação de sites do Wordpress, além de aplicativos disponíveis para melhorar outras técnicas de SEO e análise de visitas no site.

O objetivo deste livro é mostrar passo a passo como criar um site com aparência e funcionalidade profissional utilizando o software da Wordpress.org com temas e plugins totalmente gratuitos.

Para facilitar o aprendizado vou dividir o livro em duas partes. Na primeira parte veremos como criar um site, tanto em um ambiente de testes no seu computador, como hospedado em uma empresa de hosting.

Na segunda parte vamos administrar o site, otimizando para ter um bom posicionamento nos sites de busca e analisando estatísticas de acesso para verificar o que está dando certo e o que não está.

— PARTE I —

CRIANDO UM SITE

Capítulo 1:

Wordpress.com x Wordpress.org

Wordpress.com

Muita gente confunde o software gerenciador de conteúdo da Wordpress.org com o serviço gratuito de hospedagem de blogs Wordpress.com. O site Wordpress.com é um serviço de criação e hospedagem de blogs que utiliza o software da Wordpress.org com algumas limitações.

Hospedar o seu blog no site Wordpress.com significa que tudo que você precisa para iniciar é abrir uma conta, escolher o tema e começar a postar. O blog estará no ar em menos de cinco minutos e todas as atualizações do software ficam por conta do pessoal da wordpress, ficando para você somente a função de postar.

Entre em

http://pt-br.wordpress.com

siga as instruções do site para criar a conta, escolher o tema e pronto, seu blog já esta no ar.

8 — Desenvolvendo Blogs e Sites com Wordpress sem Programação

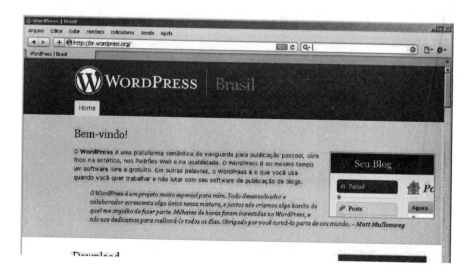

Para quem quer simplesmente criar um blog e começar a escrever sobre um determinado assunto, esse serviço ou outros que funcionam da mesma maneira, como o Blogger do Google, são a melhor maneira de começar. Começar é muito simples, mas é bom conhecer algumas desvantagens desses serviços.

A primeira desvantagem do blog hospedado na wordpress.com é a impossibilidade de instalação de plugins, ou pequenos aplicativos para melhorar as funcionalidades do blog. Algumas dessas funcionalidades já vêm no pacote, mas ele não permite a instalação de plugins adicionais.

O endereço do blog ficaria algo como

www.nomedoseusite.wordpress.com

Se você quer manter um blog com aparência profissional pode não querer mostrar que está utilizando um serviço gratuito de hospedagem de blogs.

Seria melhor ter um endereço do tipo

www.nomedoseusite.com.br

Ele até permite o redirecionamento da sua URL para o endereço wordpress, mas haveria o custo da hospedagem de qualquer maneira.

Não é permitida a inclusão de nenhum tipo de publicidade no blog e também não é possível o acesso aos códigos fonte do programa para fazer qualquer tipo de customização. Serviço do Blogger já permite a inclusão de anúncios.

WORDPRESS.ORG

Para quem quer criar um site ou blog com uma aparência profissional, em domínio próprio, com a possibilidade de colocar anúncios e customizar com os inúmeros temas e plugins existentes no mercado, a melhor opção seria utilizar por conta própria o software da Wordpress.org.

O site oficial com informações e opção de download do software é

http://wordpress.org

E felizmente para nós brasileiros já é possível baixar o software traduzido para o português no site

http://br.wordpress.org/

O software da Wordpress é distribuído gratuitamente através da licença de uso "GNU", General Public License ou Licença Pública de Uso.

Licença pública de uso foi idealizada no final da década de 80 por Richard Stallman para regulamentar a distribuição de software livre. Programa que é distribuído sob essa licença deve ter seu código fonte disponível e deve atender os seguintes propósitos:

— Pode ser executado para qualquer fim.

— Pode ser estudado e adaptado para qualquer tipo de uso.

— Deve ser redistribuído obrigatoriamente como GNU.

— Deve ter seus aperfeiçoamentos liberados para que todos os usuários se beneficiem deles.

Não é permitido modificar o programa e vender os códigos fontes como um novo programa. Todos os aperfeiçoamentos devem ficar disponíveis para ser utilizados em outras aplicações. Isso acaba deixando o software robusto e com capacidade de realizar inúmeras funções que não foram inicialmente implantadas.

O software da Wordpress.org foi concebido para criação de blogs, mas foram desenvolvidos tantos programas para aumentar suas funcionalidades que hoje em dia ele atende ao desenvolvimento de quase qualquer tipo de site.

Os passos para a criação de um site utilizando o software da Wordpress são:

— Contratar um plano de hospedagem com Mysql e PHP.

— Criar um banco de dados utilizando o sistema gerenciador de banco de dados Mysql. No banco de dados ficarão armazenados o conteúdo do site e as configurações de aparência e funcionalidades.

— Fazer download do software no site da Wordpress.org e descompactar o arquivo baixado em seu computador. Será criada uma pasta chamada wordpress.

— Alterar o arquivo de configuração do Wordpress que se encontra nessa pasta para informar os dados de acesso ao banco de dados criado na segunda etapa.

— Enviar a pasta para a empresa que hospedará seu site para que ela fique disponível na Internet.

— Rodar o script de instalação do Wordpress, onde deverá ser informada uma senha para o painel de controle do site e o email para receber as comunicações do software.

— Alterar o tema do site escolhendo um dos muitos disponíveis na internet, e instalar plugins, que são pequenos aplicativos para aumentar as funcionalidades.

— Criar páginas para inclusão do conteúdo com textos, fotos, vídeos, links, entre outros.

Capítulo 2:

Criando um Servidor Web

Seu site para estar disponível na internet deve estar hospedado em uma empresa especializada de hospedagem de sites. Falaremos sobre hospedagens mais adiante, mas é possível simular em seu computador o ambiente dessas empresas para desenvolver e testar as diversas funcionalidades do Wordpress e aprender sem precisar que o site esteja disponível na internet.

Caso não queira criar um ambiente de testes em seu computador e utilizar diretamente o ambiente de uma empresa de hosting, leia antes de prosseguir o último capítulo desta parte do livro onde disponibilizamos o site na internet, mas sempre recomendo ter um ambiente local para aprendizado e testes.

Primeiro vamos criar o ambiente de desenvolvimento, supondo que seu micro utiliza o Windows como sistema operacional, mas o pacote que utilizaremos aqui também tem uma versão para o Linux.

O Wordpress utiliza linguagem de programação PHP e banco de dados Mysql. Para que ele funcione é necessário estar em um Servidor Web que tenha suporte ao PHP e Mysql. Parece confuso, mas não será necessário conhecimento de cada um desses programas para colocar o site no ar. Basta tê-los instalado no computador.

Maneira mais simples para transformar seu computador em um servidor Web com PHP e Mysql é instalar o pacote Wampserver. Depois de instalado e iniciado, é só abrir seu browser e digitar:

http://localhost

que já irá aparecer a página de teste que vem com a instalação. Todos esses programas são softwares livres, e já estarão funcionando após a instalação do pacote.

INSTALANDO WAMPSERVER

Instalar o Wampserver é uma operação bem simples. Baixe o executável, execute e todos os aplicativos para ter um servidor funcionando estarão instalados. Esses aplicativos que vem no pacote são:

Apache – Programa para transformar seu computador em um servidor web.

Mysql – Software gerenciador de banco de dados.

PHP – Programa para criação de páginas na internet.

Phpmyadmin – Programa para administrar o banco de dados, permitindo criar e excluir banco de dados, criar tabelas, usuários e permissões.

Entre em

http://www.wampserver.com/en/download.php

e clique em "Download Wampserver 2.0i"

Criando um Servidor Web — 15

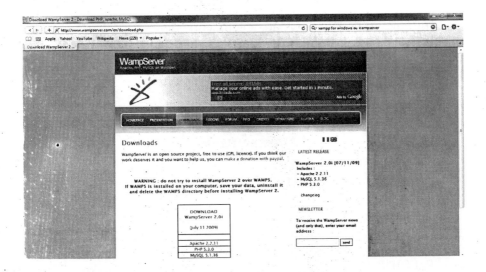

Escolha uma pasta para instalação ou deixe a padrão que é "c:\wamp" e clique em "Next" até aparecer a figura abaixo.

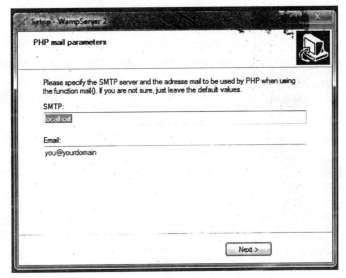

Durante a instalação podemos deixar todas as opções default conforme aparecem na tela sem precisar alterar nada. Basta clicar em "Next" até o fim da instalação. Ai é só executar o programa Start Wampserver e seu servidor Web já esta no ar.

16 — Desenvolvendo Blogs e Sites com Wordpress sem Programação

No canto direito do Windows aparece o ícone do Wampserver. Colocando o cursor sobre ele aparece o menu abaixo.

Ao iniciar o Wampserver ele já coloca todos os serviços on-line, mas se precisar reiniciar ou se estiver parado clique em "Restart All Services" ou em "Put Online".

Abra o Internet Explorer ou qualquer outro browser que esteja instalado em seu computador e digite

http://localhost

Se aparecer a tela abaixo é porque seu servidor web já esta no ar.

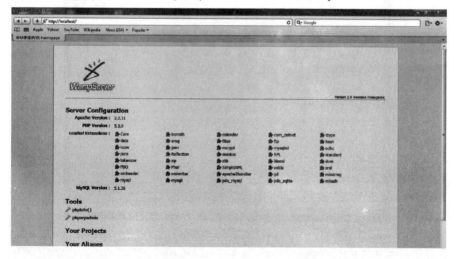

Se não aparecer a tela acima é porque algo na instalação deu errado. Normalmente o que acontece é algum programa instalado no seu computador em conflito com o Apache. O Apache para funcionar utiliza uma porta

Criando um Servidor Web — 17

do seu computador. A porta default é a 80 que é a mesma de programas como o Skype, e se dois programas estão em conflito ele não inicia.

Solução é alterar esta porta padrão no Apache. Entre no menu do wampserver em Apache e depois httpd.conf e encontre as linhas onde constam:

"Listen 80" e "Servername localhost:80", troque 80 por 8080 e salve. Depois clique em "Restart All Services".

Agora teste usando a nova porta acessando

http://localhost:8080.

A tela acima deve aparecer e o endereço local de seu servidor Web passa a ser esse.

Caso tenha sido necessário alterar a porta do Apache, sempre que encontrar neste livro o endereço

http://localhost

substitua por

http://localhost:8080.

O endereço **http://localhost** do Web Server fisicamente está na pasta "c:\ wamp\www". Quando chamamos somente **http://localhost** ele chama o arquivo index.html ou index.php que se encontra nessa pasta. Esse é o arquivo inicial default de qualquer site. Para alterar o local onde estão os arquivos de seu site deve se alterar a pasta padrão no arquivo httpd.conf do Apache. Entre no menu do Wampserver, clique em Apache/httpd.conf e encontre a linha abaixo:

DocumentRoot "c:/wamp/www/"

Ai é só alterar a pasta entre aspas pela nova pasta e salvar o arquivo. Depois disto é necessário clicar em "Restart All Services" e o novo local já esta ativo.

Para seu servidor web funcionar é necessário sempre verificar que o serviço do Wampserver iniciou. Se informar o endereço **http://localhost** em seu browser e aparecer uma tela de erro é porque o Wampserver não esta ativo. Ai será necessário entrar no menu do Wampserver e clicar em "Put Online", ou ir à opção Iniciar/Programas/Wampserver e clicar em Start wampserver.

Servidor Web no ar temos apenas mais um passo antes de instalar o Wordpress que é criar um banco de dados.

O Wordpress é um software que utiliza o sistema gerenciador de banco de dados Mysql para guardar tanto o conteúdo do site quanto as configurações do programa.

Para criar uma base de dados devemos entrar em

http://localhost/phpmyadmin

Em "create new database" de um nome para o banco de dados e clique em "create". Guarde esse nome, que será usado posteriormente na instalação do Wordpress. Não é necessária a criação de nenhuma tabela. Esse procedimento será automático na instalação do Wordpress. Próximo passo é criar um usuário e senha para o banco de dados. Vá à aba "Privileges" e escolha a opção "add a new user".

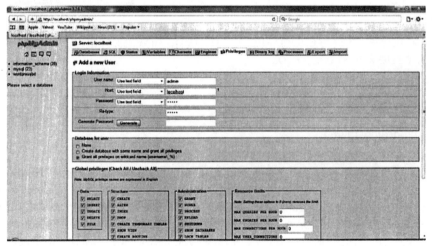

Em "user name" informe um nome para o usuário, em "host" coloque "localhost" e informe uma senha. Não precisa clicar em "Generate Password". Clique em "Grant all privileges on wildcard name" e em "Global Privileges" clique em "check all", assim estaremos dando privilégios para que esse usuário tenha acesso total ao banco de dados.

Guarde bem as informações de nome do banco de dados, usuário e senha, que é tudo que precisaremos na instalação do Wordpress.

Capítulo 3:

Instalando o Wordpress

Primeiro passo deve ser o download do software. Para a versão em português do software, entre em

http://br.wordpress.org/

Clique em "Fazer download do Wordpress versão x.xx" e salve o arquivo compactado em alguma pasta de seu computador.

Descompacte a pasta wordpress para dentro da pasta c:\wamp\www".

Entre na pasta wordpress e abra o arquivo wp-config-sample.php com um editor de texto qualquer. Pode ser o "Notepad" ou o "Wordpad" do Windows. Não se preocupe com o que consta nesse arquivo. Apenas encontre as linhas:

— define('DB_NAME', 'nomedoBD');
— define('DB_USER', 'usuarioMySQL');
— define('DB_PASSWORD', 'senha');
— define('DB_HOST', 'localhost');
— define('DB_CHARSET', 'utf8');
— define('DB_COLLATE', '');

Substitua 'nomedoBD','usuarioMySQL' e 'senha' por nome do banco de dados, usuário e senha guardados na criação do banco de dados.

20 — Desenvolvendo Blogs e Sites com Wordpress sem Programação

DBHOST e DB_CHARSET podem ficar como estão.

DB_COLLATE deve conter 'utf8_general_ci' ficando assim:

define('DB_COLLATE', 'utf8_general_ci');

Salve o arquivo com o nome de wp-config.php, usando a opção "Salvar Como" do seu editor de textos. Depois entre no seu browser e informe o endereço:

http://localhost/wordpress

E teremos a tela inicial de instalação.

Título do Blog será o texto que irá aparecer no cabeçalho de todas as telas de seu site. Ele poderá ser alterado depois. Informe seu endereço de e-mail e clique em Instalar Wordpress. Na tela seguinte o Wordpress informa uma senha que deve ser alterada na primeira vez que fizer login.

Instalação do software terminou. Próxima etapa é começar a personalizar a aparência do site e incluir o conteúdo.

O site será dividido em duas partes:

Painel de controle, com acesso restrito por senha, aquela criada na instalação, para administração do conteúdo, aparência e funcionalidades

Entre em

http://localhost/wordpress/wp-login.php

Informe usuário que é "admin" e a senha e aparecerá a tela de painel de controle do site.

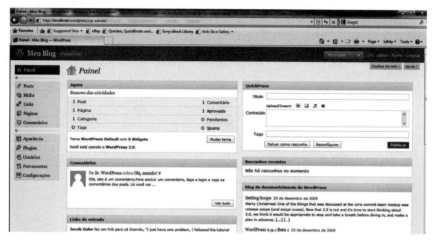

Parte do site visível a todos, que é o resultado final do trabalho.

O endereço local é

http://localhost/wordpress

E inicialmente aparece uma tela simples, com o post "Olá mundo", criado na instalação e que iremos excluir posteriormente. O título é o escolhido na instalação e poderá ser alterado.

Para facilitar o trabalho, deixe duas abas do seu browser abertas. Uma com o endereço do painel de controle e outra com o endereço do site. Sempre que alterar algo no painel de controle, vá à aba do site e clique na opção "Atualizar" do browser ou na tecla "F5" para o Internet Explorer e veja o resultado da alteração efetuada.

Capítulo 4:

Configurações Iniciais

O Wordpress faz uma instalação padrão, com um post de demonstração e um tema simples. A partir dele você deve começar a personalizar seu site com as inúmeras possibilidades disponíveis.

Entre no painel de controle de seu site.

Do lado esquerdo temos o menu principal com as opções:

Posts – Para incluir, excluir e alterar entradas em sua página destinada ao blog.

Mídia – Biblioteca com todos os arquivos de mídia inseridos nos posts e nas páginas do site para facilitar a administração.

Links – Biblioteca com os links a outros sites inseridos nas páginas e posts do site.

Páginas – Para administrar as páginas de seu site, incluir novas, alterar e excluir.

Comentários – Para administrar os comentários feitos por leitores nos posts do blog.

Aparência – Permite personalizar a aparência do site, alterando o tema e layout.

Plugins – Opção para instalação e configuração de aplicativos para aumentar as funcionalidades do site.

Usuários – Administração de usuários e perfis que terão direito a alterar o conteúdo e aparência do site, definindo perfis e permissões.

Ferramentas – Importação e exportação do conteúdo e atualização da versão do software Wordpress.

Configuração – Configurações gerais, tanto do conteúdo, como dos aplicativos instalados.

Iremos inicialmente alterar as configurações gerais do site. Entre na opção "Geral" no menu "Configurações".

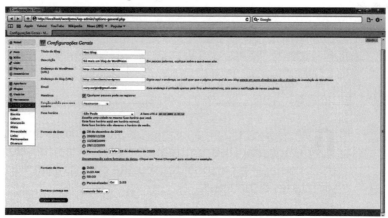

Título do blog – Aparece o criado na instalação do Wordpress e pode ser alterado. Basta digitar o novo título. Este título irá aparecer em todas as páginas do site.

Descrição – Deve conter em poucas palavras um texto que descreva o objetivo do site. Dependendo do tema escolhido, conforme veremos adiante, esse texto irá aparecer logo abaixo do título do site e ele também será importante nos sites de busca.

Endereço do WordPress (URL) e Endereço do Blog (URL) não precisam ser alteradas agora. Vamos alterar quando enviarmos o site para a empresa de hospedagem.

E-mail: Endereço criado na instalação para receber todas as notificações do site. Para alterar basta digitar o novo endereço.

Opções seguintes serão utilizadas para configurar os posts do blog. Mantenha por enquanto do jeito que está.

Depois de alterado, clique em "Salvar alterações".

Capítulo 5:

Páginas e Posts

A diferença principal entre um blog e um site está na maneira como o conteúdo é apresentado aos seus leitores.

Blog

No blog, o conteúdo é mostrado em entradas, conhecidas como "posts", e mostradas em ordem cronológica decrescente. O último post criado é o primeiro a aparecer, e normalmente aparecem vários posts por página.

Outra característica do blog é permitir comentários nos posts. Isto permite uma interação entre quem escreve e quem lê e foi um fator determinante no sucesso que eles fazem hoje.

Site

No site, o conteúdo é mostrado em páginas estáticas, que são atualizadas com menor frequência, e cada uma tratando de um determinado assunto, sendo que o que define a ordem em que aparecem é a posição no menu principal.

O Wordpress mostra por default na página inicial do site a página destinada aos posts. Entrando na opção "Páginas" do menu, essa página destinada ao blog não aparece, mas isso pode ser alterado.

Caso deseje uma página estática como a principal do site, e os posts do blog em outra página, ou caso não queira nenhuma página para posts, siga os seguintes passos:

Crie uma página chamada blog para os posts e salve sem incluir nenhum conteúdo. Entre na opção Páginas/Adicionar nova, escreva "blog" no nome da página e clique em "Publicar".

Se ainda não existir, crie uma página chamada inicial com o conteúdo desejado. Entre novamente em Páginas/Adicionar nova, dê o nome de "Inicial" e clique em "Publicar". Podemos alterar posteriormente para colocar o conteúdo.

Entre no menu "Configurações/Leitura" e altere a opção "a pagina inicial mostra" para "uma página estática" e escolha a página chamada "Inicial".

Na opção "Páginas de post" escolha a página chamada "blog" e clique em "Salvar alterações".

Chamando o site novamente a primeira tela a aparecer será a "Inicial". Na configuração do tema posicionaremos melhor a tela para blogs.

No Wordpress a criação de posts e páginas são feitas da mesma maneira. Aprendendo a criar um, o outro é exatamente igual.

Vamos excluir o post criado na instalação do Wordpress. Entre na opção "Posts" no painel de controle, selecione o post "Olá mundo" e clique em "Lixeira". Depois disto clique em "Adicionar novo" e comece a postar.

O que veremos a seguir vale tanto para posts como páginas.

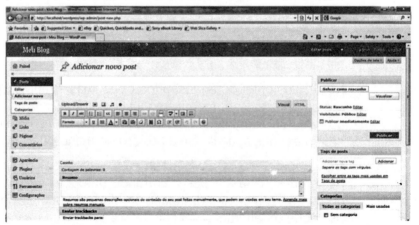

Primeira parte do post é o título dele. Título é opcional, mas bastante importante para que o leitor saiba do que se trata e principalmente por ser utilizado pelos sites de busca para encontrar seu blog na internet, conforme veremos adiante.

A outra parte do post é o corpo da mensagem. Você pode escrever o texto de seu post da mesma maneira que escreve um texto em um editor de texto.

Na aba Visual no canto direito da caixa de conteúdo irá aparecer o texto da maneira que irá aparecer no post, e na aba HTML irá aparecer o código gerado. Digitando em uma das abas a outra será atualizada automaticamente. Quem não tem conhecimento da linguagem de programação HTML deve deixar na aba Visual.

Os botões acima da caixa de digitação são os botões de formatação do texto para a aba "Visual". Escreva o texto do blog, depois selecione uma determinada parte do texto ou uma palavra e clique em um dos botões conforme abaixo:

— Os três primeiros botões definem o tipo de letra do texto selecionado e representam negrito, itálico e riscado.

— Os dois botões seguintes servem para criar uma lista. O primeiro é uma lista desordenada e o segundo uma lista numerada.

— Botão acima serve para incluir um abre aspas e fecha aspas no texto selecionado.

— Os três botões seguintes servem para alinhar o texto selecionado a esquerda, centralizado ou a direita.

— A corrente acima serve para criar um hiperlink no texto ou frase selecionado. O ícone com a corrente quebrada serve para excluir o hiperlink sem excluir o texto.

Selecionando uma palavra ou frase e clicando na corrente teremos a tela abaixo:

URL do link deve ser o endereço da página que será enviada ao clicar no texto.

Destino específica se a página deve ser aberta na mesma janela ou em outra.

Título serve para colocar o texto que será mostrado ao passar o mouse sobre o link.

Classe serve para ser usado em conjunto com o arquivo CSS para formatar links. Se não quiser alterar o programa basta deixar essa opção como está.

Este símbolo serve para dividir a página ou o post em duas partes. Clicando nele, ele insere uma linha tracejada com um botão "more" no final. Inserindo essa linha no meio do seu post, ele irá mostrar o que está antes da linha na página principal ; clicando no botão, ele mostra o resto do texto.

Quebra de páginas geram um menu de páginas dentro de uma página. Na página principal aparece um menu no lugar da quebra de página com a opção de ir para as páginas seguintes. Cada vez que ele encontra uma quebra de página ele cria uma página adicional dentro desse menu.

Botão serve para habilitar ou desabilitar o corretor ortográfico. Clicando nele aparecem os idiomas disponíveis, e "português" é uma deles.

Botão serve para mostrar o conteúdo na tela toda. Clicando uma vez ele aumenta a área da caixa de conteúdo, clicando novamente volta como era antes.

E o último serve para mostrar ou esconder a linha de baixo de botões. Clicando nele teremos mais uma linha de opções de edição, conforme abaixo:

Vamos ver o que significa cada um deles.

A primeira caixa de escolha serve para definir o tipo de formatação do texto escolhido. Experimente entre as opções desse item a que melhor se encaixa na formatação do post.

Os três seguintes são botões para complementar as opções de formatação de texto. O primeiro serve para sublinhar o texto selecionado, o segundo para justificar o parágrafo e o terceiro para alterar a cor do texto.

Os dois seguintes são opções para colar o texto do clipboard. A primeira opção copia só o texto independente de qualquer formatação que tenha sido copiada. O segundo é a mesma coisa, mas mantém o texto e a formatação do Word.

Esta opção apaga toda formatação do texto selecionado.

Botão para incluir arquivos específicos de mídia no meio do post. São arquivos de aplicativos como Flash e Windows Media.

Função do botão acima é mostrar uma tabela de caracteres especiais para serem incluídos nos textos. Aqueles que não constam no teclado.

Dois seguintes servem para aumentar o recuo do parágrafo e para diminuir.

O da esquerda serve para desfazer a última ação realizada no texto e o da direita para refazer caso tenha sido desfeito indevidamente.

E finalmente o último botão serve para mostrar a tela de ajuda do editor de textos.

Caso por algum motivo você queira alterar o código na aba HTML, as opções de botões são outras, que são familiares a quem está acostumado a trabalhar com a linguagem. Como nosso objetivo aqui é criar um site sem a necessidade de programação, não iremos tratar as opções dessa aba.

Além dos botões de edição do texto, também temos os botões de adição de mídia. É sempre bom incluir imagens e vídeos no meio do texto para deixar a página mais atraente e ilustrar o texto.

Upload/Inserir ▣ 🎬 ♪ ✹

O primeiro ícone serve para incluir imagens no texto, o segundo vídeo, o terceiro para música e o quarto para outros tipos de mídia.

Apesar de serem ícones separados, todos eles fazem a mesma coisa. Aprendendo a tratar imagens, as opções para as outras mídias são as mesmas.

A imagem pode ser uma foto do seu computador ou de uma URL na internet. Escolha o arquivo, defina o tamanho e posicionamento no texto e o Wordpress se encarrega de fazer upload para dentro do site. O tamanho máximo do arquivo escolhido é de dois mega.

Ao selecionar uma foto teremos as seguintes opções:

Titulo - serve para dar um nome para a foto.

Texto alternativo - caso deseje colocar alguma informação adicional sobre a foto.

Legenda - deve conter o texto a ser exibido passando o mouse sobre a foto.

Descrição - caso deseje colocar informações adicionais. Essas informações são úteis para a biblioteca de mídia. Depois de inserir algumas fotos entre na opção Mídia do painel de controle e todos os arquivos estarão na biblioteca para facilitar a manutenção.

URL do link – para criar um endereço na internet que mostre somente a foto. Caso contrário escolha nenhuma ou URL do post.

Alinhamento e tamanho - tamanho da foto dentro do post.

Depois é só clicar em "Inserir no post".

As informações adicionais de título, texto alternativo, legenda e descrição, apesar de não aparecerem no post ou na página são de extrema importância para os mecanismos de SEO, e poderão ajudar seu site a ganhar posições nos sites de busca. Sempre preencha os textos com palavras que melhor definam o conteúdo do blog e da foto. Além disto, preencher esses campos facilita a atualização da biblioteca de mídias. Entrando na opção Mídia no menu do painel de controle, irão aparecer todas as fotos e mídias incluídas nos posts e páginas com o texto descritivo ao lado. Quando seu site tiver muitas imagens e mídias, realizar uma busca pela biblioteca pode ajudar a encontrar posts antigos através da mídia.

Se você inserir varias fotos no mesmo post ou na mesma página irá aparecer uma aba na opção de inserir imagem chamada Galeria e com o número de fotos adicionadas entre parêntesis. Entrando nessa aba é possível incluir a galeria no post. Veremos mais sobre galeria de fotos quando falarmos de temas e plugins.

Opções Adicionais Para Posts

Outras duas opções que devem ser usadas caso seu site seja um blog são "Tags de posts" e "Categorias".

Tags são palavras chaves que podem ajudar na busca de determinado assunto dentro dos posts. Sempre que incluir um novo post, escolha as palavras que melhor descrevam o assunto que está sendo postado. Então inclua essas palavras no quadro Tags de Posts separadas por vírgula.

De acordo com o tema escolhido para o seu blog, essas tags aparecerão na sua página, e clicando em uma delas irão aparecer todos os posts em que consta essa tag.

O mesmo serve para as categorias do seu blog. Crie antes as categorias a serem utilizadas em seus posts, e sempre que incluir um novo post informe a categoria para facilitar as buscas.

Por exemplo, se seu blog trata de gastronomia e você estiver criando um post com uma receita de uma mousse de chocolate, poderia criar as tags

mousse, chocolate, açúcar, doce, sobremesa, etc.

As categorias de seu blog poderiam ser:

Receitas Salgadas, Receitas Doces, Drinks, etc.

E a utilizada na receita acima seria a "Receitas Doces".

Caso o leitor de seu blog clique na tag "chocolate" aparecerá todos os posts em que consta essa palavra como tag. O mesmo serve para as categorias. Se ele escolher "Receitas Doces" irão aparecer todos os posts dessa categoria.

Tags e Categorias podem ser incluídas na tela de inclusão de posts ou nas telas especificas que constam no menu Posts.

OPÇÕES ADICIONAIS PARA PÁGINAS

Na tela de adicionar páginas, temos do lado esquerdo as seguintes opções:

Mãe – Define se a página faz parte do menu principal do site, ou se está abaixo de uma das páginas principais. Escolha a opção Página Principal, ou a página a qual ela deve estar ligada.

Modelo – O modelo da página está ligado diretamente ao tema escolhido para o site. Verifique a documentação do tema escolhido, conforme veremos adiante, para escolher o modelo da página.

Ordem – Altere o número caso deseje mudar a ordem em que as páginas aparecem no menu. Alterando esse valor, a página com menor valor aparece antes da que tem maior valor e assim por diante.

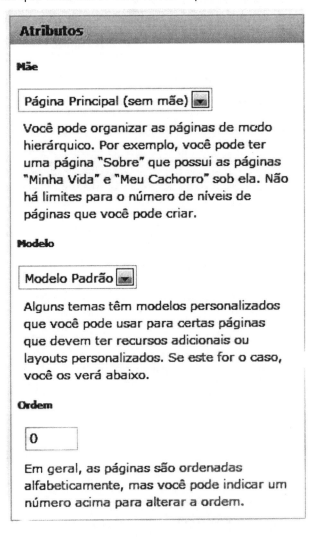

Depois de pronto, o post pode ser publicado, pode ser salvo como rascunho para ser publicado depois, ou pode apenas ser visualizado, usando a opção "Visualizar" para ver como ficou antes de publicar. Assim que você clicar em "Publicar" o post já estará disponível para os leitores.

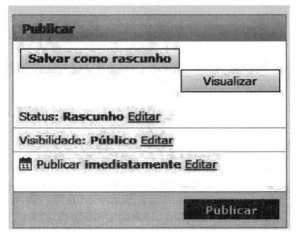

Capítulo 6:

Usuários

O conteúdo do site pode ser alterado por uma pessoa ou um grupo de pessoas, cada uma com um perfil de acesso ou função. O Wordpress permite cinco níveis de usuários para definir o que cada um pode ou não alterar no site:

— Estes níveis são:
— Administrador
— Editor
— Autor
— Colaborador
— Assinante

Administrador – é o perfil de usuário com mais poder no site. Um usuário com esse perfil pode fazer qualquer tipo de alteração, mudar a aparência, instalar plugins, alterar o conteúdo, incluir e excluir usuários. O usuário criado na instalação, "admin", tem o perfil de administrador.

Editor – é o perfil logo abaixo do Administrador. Ele tem acesso total ao conteúdo do site, podendo incluir, excluir e alterar páginas, posts, figuras, comentários. Ele não tem acesso às funções administrativas do site, como criar usuários, instalar temas ou plugins.

Autor – tem acesso total aos posts ou páginas criadas por ele, podendo fazer qualquer tipo de atualização no conteúdo. Diferente do Editor, que tem acesso ao conteúdo de todos os Autores.

Colaborador – é o perfil atribuído a usuários que criam páginas e conteúdo no site, mas não podem publicá-los sem a aprovação do Editor ou do Administrador. O conteúdo criado fica esperando aprovação antes de ser publicado.

Assinante – é o perfil atribuído a usuários que não podem criar nem publicar nenhum tipo de conteúdo. Eles só podem fazer comentários nos posts do site, caso o site esteja configurado para aceitar comentários apenas de usuários registrados. Para alterar essa configuração clique na opção "Membros/Qualquer pessoa pode se registrar" na opção Configurações/Geral do menu principal.

Lembre-se que tudo que for publicado em seu blog ou site ficará disponível na internet para ser lido por qualquer pessoa. O dono do site é o responsável pelas informações e pode até ser processado caso alguém se sinta ofendido. O mesmo vale para os comentários. Os donos dos sites são responsáveis também por comentários feitos por terceiros, por isso a necessidade de aprovação de um comentário antes de ser publicado.

Para criar um novo usuário você deve entrar na opção "Usuários" do painel de controle do site e clicar em "Adicionar novo".

Informe nome de usuário, nome, sobrenome, senha, endereço de email e a função.

Qualquer um destes dados pode ser alterado posteriormente, inclusive o perfil do usuário.

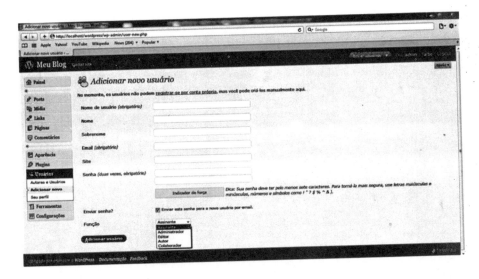

Escolha a opção de enviar senha por e-mail para que seu colaborador possa receber as informações do usuário criado e clique em "Adicionar usuário".

Capítulo 7:

Temas e Widgets

O tema é o responsável pela aparência do site, determinando o layout das páginas, cores, posição dos títulos, colunas, posicionamento dos aplicativos, etc. No Wordpress é possível criar um tema do zero ou escolher um dos mais de 1.200 temas disponíveis na internet e seguir as instruções que acompanham cada um deles para customização.

No menu do painel de controle, na opção "Aparência" existem dois itens principais; Temas e Widgets. Widgets são alguns mini aplicativos que podem ser incluídos nas barras laterais do site.

Vamos analisar o tema que acompanha a instalação do Wordpress para entender melhor o funcionamento. Entre na opção temas e teremos a tela abaixo:

Tema Atual

WordPress Default 1.6 por Michael Heilemann

The default WordPress theme based on the famous Kubrick.

Todos os arquivos deste tema estão localizados em `/themes/default`.

Tags: blue, custom header, fixed width, two columns, widgets

Temas disponíveis

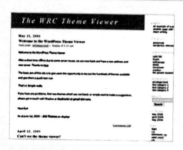

WordPress Classic 1.5 por Dave Shea

The original WordPress theme that graced versions 1.2.x and prior.

Ativar | Visualizar | Excluir

Todos os arquivos deste tema estão localizados em `/themes/classic`.

Tags: mantle color, variable width, two columns,

Esta tela contém dois temas, um na seção "Tema Atual" que é o que está ativo e um na seção "Temas disponíveis", onde ficam os que já foram instalados, mas não estão em uso. O tema atual se chama Wordpress Default 1.6 e olhando o que está escrito do lado direito dele podemos obter algumas informações. Além de mostrar o autor do tema e em que pasta se encontram os arquivos de configuração, normalmente os temas disponíveis mostram um item tag, mostrando as características do tema.

Tags: blue, custom header, fixed width, two columns, widgets

Na tag acima ele informa que a cor principal do tema é azul, que o cabeçalho pode ser customizado, que a largura das colunas são fixas, que ele tem duas colunas e que aceita widgets.

Neste tema, o site possui um cabeçalho e um corpo com duas colunas. Na coluna da esquerda há um post e na coluna da direita alguns widgets. Widgets são pequenos aplicativos específicos para serem incluídos na barra lateral do site ou nas barras laterais, dependendo do tema.

WIDGETS

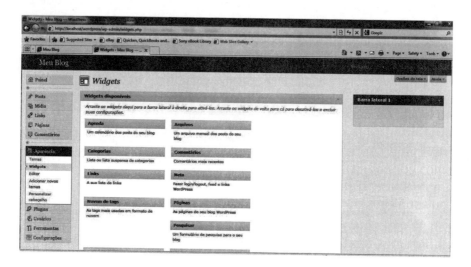

No item Widgets do painel de controle temos uma tela com três seções. Widgets disponíveis, Widgets inativos e Barra Lateral 1. Dependendo do tema, essas opções mudam, podendo ter widgets adicionais e outras barras laterais para colocarmos os aplicativos.

No caso do tema default a Barra Lateral 1 está vazia, mas na tela do site aparecem os widgets pesquisar, páginas, arquivos, categorias, lista de links e meta. Eles aparecem porque são widgets padrões do tema. Se arrastarmos qualquer um dos widgets disponíveis para a barra lateral, todos os widgets default serão substituídos pelo que consta na barra lateral. Experimente arrastar alguns widgets para a barra lateral e verifique como ficou o site. Os widgets também são customizáveis. Arrastando para a barra lateral, abre-se a tela de configuração de cada um deles.

Caso queira desabilitar o widget e manter as configurações que foram feitas nele, arraste de volta para a seção Widgets inativos no final da página. Essa tela não precisa ser salva. Arraste os widgets e ele já estará ativo na coluna correspondente.

Para trocar a ordem em que os widgets aparecem no site, basta arrastar para cima e para baixo na barra lateral. A ordem que aparece o botão do widget na barra será a ordem no site. Embaixo de cada widget há uma breve explicação do que cada um deles faz.

TEMAS

O menu "Aparência" também é alterado de acordo com o tema escolhido. No caso do tema default, temos a opção "Personalizar cabeçalho". Como esse tema permite customização do cabeçalho, vamos entrar nessa opção para fazer algumas alterações.

Como podemos ver nos botões, podemos alterar as cores da fonte, a superior e a inferior.

A maioria dos temas disponíveis permite customizações; então, ao escolher um tema, verifique um que mais combine com o propósito de seu site. A maioria deles está voltada para a construção de blogs, mas todos os aplicativos pré-instalados podem ser removidos na customização. Para trocar o tema basta clicar na opção "ativar" de um dos temas disponíveis e ele passa para a seção de "Tema Atual".

Acessando na internet o endereço oficial do wordpress para temas

http://wordpress.org/extend/themes/

Teremos uma lista com uma amostra de cada tema e instruções para download.

Quase todos eles são totalmente gratuitos. Se pesquisarmos em sites de busca por temas para Wordpress, vamos encontrar vários sites que disponibilizam temas para download, tanto gratuitos como pagos.

Também é possível a criação de temas a partir do zero, mas isso requer conhecimentos de programação. Como nosso objetivo é criar um site sem a necessidade de programação, vamos optar por um dos muitos disponíveis para download.

Para instalar um tema no wordpress, vamos fazer download do arquivo do tema escolhido e descompactar o arquivo baixado dentro da pasta "wp-content/themes" no diretório wordpress.

Fazendo isso ele já estará disponível no menu "Aparência" do painel de controle, na seção de temas disponíveis. Ao clicar em ativar e o site já aparece de cara nova. Se não gostar, basta clicar em ativar no tema anterior e tudo volta como era antes.

A grande variedade de temas e plugins disponíveis é que permite a utilização do Wordpress para a criação de qualquer tipo de site. Inicialmente os temas disponíveis se limitavam a mudar a aparência das telas de criação de blogs, mas hoje em dia os temas já têm muitas funcionalidades incorporadas. As características de um tema para blog são sempre as mesmas:

— Um título especificando o assunto principal do blog.

— Uma tela principal mostrando os posts em ordem cronológica, onde o mais recente aparece em primeiro lugar.

— Um menu à esquerda ou à direita com alguns widgets para facilitar a busca de determinados posts.

O conteúdo de um blog é mais dinâmico do que o conteúdo de um site, onde os posts são atualizados diversas vezes ao dia. Já um site tem seu conteúdo mais estático tendo seu conteúdo atualizado com uma menor frequência. Além disto, o conteúdo está distribuído em varias páginas.

Quanto menos customizações forem necessárias no tema escolhido, maior será a facilidade de implantação. Ao escolher um tema, opte por um que esteja de acordo com o objetivo de seu site.

Itens importantes a serem analisados na escolha de um tema são a aparência, quantidade de colunas na tela, suporte a várias páginas, posicionamento dos aplicativos que dão funcionalidade ao site, menus de navegação, e possibilidades de customização. Todo tema é acompanhado um descritivo e um *preview*, onde é possível verificar se atende às suas necessidades.

Quase todos eles vêm acompanhados também de um link para o site do desenvolvedor, onde é possível obter maiores informações sobre instalação e customização.

Graças a milhares de programadores no mundo todo criando temas para as mais diversas funções de um site, hoje podemos encontrar temas complexos que já vem com todas as funcionalidades de um site profissional pré-instalados.

Modo de instalar é sempre o mesmo. Baixe o arquivo, descompacte dentro da pasta wp-content/themes no wordpress, depois só ativar no painel de controle. Se não ficou bom, basta ativar outro.

Observe ao escolher um tema, a quantidade de colunas de cada página, posicionamento dos itens de menu, facilidade de criação de novas páginas. Quase todos os temas disponíveis podem ser alterados, trocando cores, posicionamento das funcionalidades, tamanho de texto, etc.

Mesmo depois do site pronto e com conteúdo, é possível alterar o tema. Existem programas à venda na internet que permitem a criação de temas, mas a maneira mais prática e rápida é escolher um dos disponíveis e personalizar alterando suas configurações. Também existem sites que comercializam temas exclusivos. São mais caros, mas você tem a garantia que ninguém terá um site igual ao seu.

Capítulo 8:

Escolhendo um Tema

Vamos escolher um dos temas disponíveis para começar a customização do site. Poderia ser qualquer um deles, mas como temos que escolher um, vou utilizar um tema chamado Panorama.

Para acessar a página do tema entre em

http://wordpress.org/extend/themes/panorama

Nesta página podemos obter algumas informações importantes a respeito do tema escolhido.

Na descrição do tema, temos as seguintes informações:

50 — Desenvolvendo Blogs e Sites com Wordpress sem Programação

Tema com 2 colunas, compatível com as versões Wordpress 2.8 e acima, podemos alterar as fotos dos cabeçalho, há 6 planos de fundo, a barra lateral pode ficar à esquerda ou à direita, cores dos links podem ser alteradas, há um menu de páginas estilo dropdown, área para mostrar os posts do twitter, licença de uso é GPL e suporta tradução em alguns idiomas, o que facilita bastante, mesmo que português não seja um dos idiomas disponíveis.

A versão que baixamos do software Wordpress já veio configurada para o idioma português do Brasil. Essa configuração está no arquivo wp-config. php, o mesmo que colocamos as configurações do banco de dados. Nesse arquivo podemos encontrar a linha:

define ('WPLANG', 'pt_BR');

E dentro da pasta "wp-content/languages" temos os arquivos pt_BR.mo e pt_BR.po que são as traduções do software. Para alterar para a língua francesa, por exemplo, basta fazer download dos arquivos de tradução para o francês, colocar nessa pasta e mudar a linha acima no arquivo wp-config.php para fr_FR.

Temas também necessitam de tradução para as mensagens especificas de cada um. Caso o tema escolhido tenha suporte à tradução, ele fornece na instalação alguns arquivos correspondentes aos idiomas que já foram traduzidos e mostram nas instruções como traduzir para idiomas não disponíveis na instalação.

Normalmente os temas que tem suporte a tradução já tem o idioma português do Brasil instalado, graças aos muitos usuários Wordpress por aqui. Se o tema já vier com o arquivo pt_BR.mo, nada precisa ser feito. O tema já reconhece pela configuração do Wordpress que o idioma é o português e já aparece traduzido.

Caso o tema escolhido não tenha suporte à tradução, também é possível traduzir as palavras contidas nele. Os arquivos que compõem qualquer tema são arquivos que podem ser editados com qualquer editor de texto. Para traduzir uma palavra basta localizá-la nesses arquivos, traduzir e salvar. Se você não tiver nenhuma experiência em programação, salve da pasta original do tema antes, pois se algo não funcionar basta excluir a pasta do tema e voltar a do backup.

Felizmente o tema Panorama tem suporte, e a tradução se encontra no arquivo pt_BR.mo que acompanha a instalação. Basta ativar e ele já aparecerá totalmente traduzido para o português.

Na aba "Stats" podemos ver a popularidade do tema, tendo uma visualização gráfica dos downloads feitos. Para esse tema, temos a informação que já foram feitos mais de 22.800 downloads.

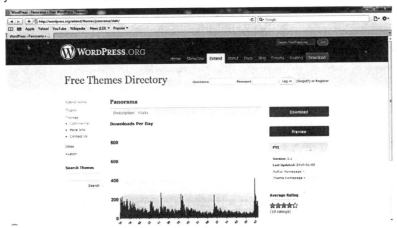

Do lado direito temos os botões de download do tema e de Preview e logo abaixo um link para o site do autor do tema e um site do tema onde normalmente encontramos as respostas para todas as dúvidas.

Clicando em download, baixamos um arquivo compactado com a pasta contendo os arquivos do tema. Descompacte esse arquivo dentro da pasta "wp-content/themes" do wordpress.

Descompactando o arquivo neste diretório, o tema já esta instalado. Agora é só acessar o item "Aparência" no menu do painel de controle e o tema já estará lá em "Temas Disponíveis" para ser ativado.

52 — Desenvolvendo Blogs e Sites com Wordpress sem Programação

Tudo que precisamos fazer é clicar em "Ativar" e o site já aparece modificado. Chame novamente o site e verifique se o tema agradou. Se não gostou, basta fazer o mesmo para outros temas. Não há limites para downloads de temas. Podemos baixar quantos forem necessários para escolha de um que agrade totalmente.

O procedimento é sempre o mesmo. Faça download do arquivo compactado do tema, descompacte dentro da pasta "wp-content/themes" e ative. Se ficar ruim, basta ativar novamente o anterior e tudo volta como estava.

Entrando no site, podemos observar que o tema é composto de um cabeçalho com uma foto que é alterada aleatoriamente, ou seja, cada vez que chamamos o site a foto muda, de uma barra de tarefas do lado direito, de um menu estilo dropdown, e alguns widgets pré-instalados.

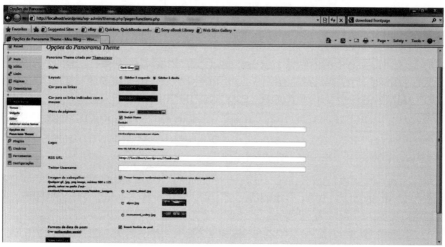

Além de alterar a aparência do site, os temas também podem incluir opções novas no painel de controle do Wordpress para facilitar a customização. No caso do Panorama, foi incluído uma nova opção no menu Aparência chamada "Opções do Panorama Theme".

Escolhendo um Tema — 53

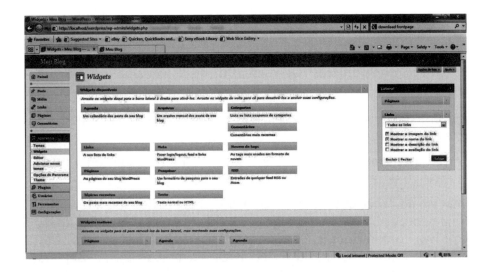

OPÇÕES DO TEMA PANORAMA

Style – Tema já vem configurado com seis opções de plano de fundo. Basta escolher uma das opções e salvar, e o plano de fundo é alterado.

Layout – Altera a posição da barra lateral para a direita ou esquerda do site.

Cor para os links – Cores podem ser alteradas para combinar melhor com as cores do plano de fundo. Clicando em cima do código da cor, ele abre uma janela para poder escolher uma nova cor. O mesmo vale para a cor exibida quando o mouse passar por cima do link.

Menu de páginas – Permite escolher se as páginas do seu site aparecem no menu em ordem alfabética, por ordem de página conforme consta no menu páginas ou por ordem do Id da página que pode ser ordenado na criação da página com números sequenciais.

Também podemos incluir no menu a página inicial e excluir páginas que foram criadas mas não devem aparecer no menu.

Logo – Permite incluir uma imagem no título do site, nesse caso salve o arquivo da foto na pasta

"wp-content/themes/panorama/images" e informe o caminho completo do arquivo como

http://localhost/wordpress/wp-content/themes/panorama/images/nome-arquivo

RSS Url – Permite informar o caminho do site de feeds. Falaremos sobre este assunto mais adiante.

Twitter username – Caso queira integrar seu site com sua conta twitter, mostrando os últimos posts do twitter no site.

Imagem do cabeçalho – permite mostrar uma imagem ou alterar aleatoriamente entre todas as imagens contidas na pasta "header_image" em "wp-content/themes/panorama". Para customizar a foto, basta salvar as fotos nesta pasta e depois escolher quais devem ser mostradas. Imagens devem ter o tamanho 980x125 para não alterarem o alinhamento da página.

Inserir horário no post – Opção para mostrar ou não o horário na tela de posts.

Altere as opções e salve e é tudo que precisa para o site ficar customizado de acordo com suas preferências.

WIDGETS

Outras customizações podem ser feitas na barra lateral incluindo ou excluindo widgets. Entre em "Aparência/Widget" e arraste para a caixa Lateral no lado superior direito os widgets que devem aparecer. Eles aparecerão na ordem que consta nessa caixa.

Se não escolher nenhum, irão aparecer os da instalação, mas basta colocar um e todos da instalação são substituídos pelos da caixa Lateral.

Arrastando o widget para a caixa Lateral, aparecerão algumas opções para serem configuradas conforme mostra a tela a seguir:

Escolhendo um Tema — 55

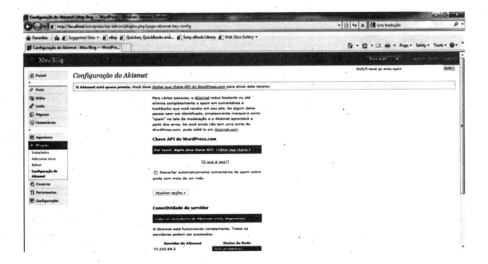

Do mesmo modo que as alterações de layout, widgets também devem ser testados. Para excluir o widget da barra lateral, basta arrastar para qualquer ponto fora da caixa Lateral. Para alterar a ordem arraste o widget para cima ou para baixo. Além de widgets poderemos incluir nessa barra alguns plugins, conforme veremos adiante.

Capítulo 9:

Plugins

Plugins são aplicativos para aumentar a funcionalidade do site. São como os widgets, com a diferença que os widgets são específicos para a barra lateral.

No site oficial de Plugins no Wordpress

http://wordpress.org/extend/plugins

Encontraremos uma tela muito parecida com a tela dos temas. Nessa tela temos plugins separados por categoria, alguns em destaque, os mais populares, os mais novos e os que foram atualizados recentemente.

Ao todo são mais de 8.100 plugins e iremos ver a instalação de alguns que considero essenciais para qualquer site.

A instalação de um plugin é bastante semelhante à instalação de um tema. Basta fazer download do arquivo e salvar a pasta descompactada dentro da pasta "wp-content/plugins". Então você deve ativar a opção "Plugins" do painel de controle. Dependendo do plugin, configurações adicionais também podem ser alteradas nessa opção.

Entrando no menu "Plugin" podemos observar que dois plugins já vieram na instalação do Wordpress necessitando apenas serem ativados.

O plugin Hello Dolly não tem nenhuma utilidade prática. Ativado, ele mostra no canto superior direito de todas as páginas do painel de controle um poema lírico. Para quem gosta de ler poemas em inglês vale a pena.

Já o outro plugin, chamado Akismet é bastante útil, porque ele bloqueia comentários de spams em seus posts. Comentários em blogs são bastante visados por spammers. Eles utilizam o espaço reservado em seu blog para comentário de seus leitores para fazerem propaganda e colocarem links para outros sites. Esse plugin ajuda a inibir esse tipo de comentário.

Antes de ativá-lo é necessário ter uma API Key. Essa chave é enviada pelo site www.wordpress.com quando você cria uma conta. Abrir uma conta é gratuito e recomendável, pois a API Key também poderá ser utilizada para instalar o plugin "Wordpress.com Stats" que é um plugin de estatísticas que veremos adiante.

Entre em

www.pt-br.wordpress.com

Clique em "Cadastre-se agora". Informe um nome de usuário qualquer, uma senha, seu endereço de e-mail, e clique em "Próximo". Na tela seguinte clique em "Inscreva-se" e o site irá enviar um e-mail de confirmação.

Clique no link enviado por e-mail e aparecerá a tela dizendo que a conta já está ativa. Logo em seguida você irá receber outro e-mail com algumas instruções e o numero da sua API Key. Guarde essa chave.

Entre no menu "Plugin" e clique em "ativar Akismet". Ai aparece uma nova opção no menu chamada "Configuração do Akismet". Entre nessa opção, informe a API Key e clique em "Atualizar opções". Pronto, seu site já está protegido contra SPAM.

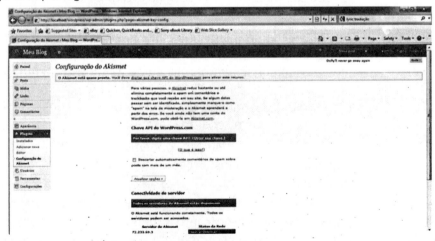

Plugins — 59

Depois de ativado, irá aparecer no menu "Painel" a opção "Estatísticas do Akismet". Entrando nessa opção será possível acompanhar as tentativas de SPAM no site através de uma visualização gráfica.

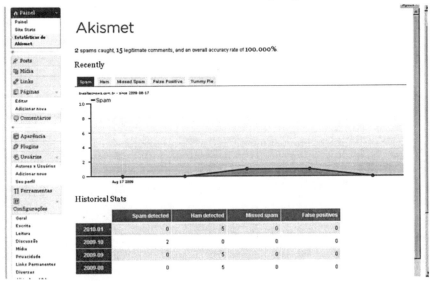

O procedimento para instalação de plugins é sempre o mesmo.

1) Faça download do plugin.
2) Descompacte o arquivo baixado na pasta "wp-content/plugins".
3) Entre no menu "Plugins" do painel de controle e clique em "Ativar".
4) Altere as configurações adicionais se houver.

Capítulo 10:

Criando o site

Agora que já temos um tema instalado e já sabemos incluir plugins, vamos ver todos os passos para criar um site utilizando os recursos principais e funcionalidades úteis do Wordpress.

O tema escolhido para o site é "Novidades Tecnológicas" e terá 6 páginas.

- Página Home ou Inicial
- Página com Galeria de Fotos
- Página com vídeos de lançamentos
- Página com um blog de notícias
- Página Contato
- Página Endereço da empresa com mapa

Antes de começar a criar as páginas precisamos alterar algumas configurações para adequar o tema ao assunto escolhido para o site.

Em "Configurações/Geral" altere o título do site para "Novidades Tecnológicas" e coloque na descrição "Conheça os últimos lançamentos no mundo da tecnologia".

Para trocar as fotos do cabeçalho, procure na internet por fotos de domínio público, que podem ser usadas em qualquer site sem o pagamento de royalties, ou utilize fotos ou artes criadas por você. Utilize um programa de edição de fotos para deixar as fotos no tamanho de 980x125 conforme instruções do tema.

62 — Desenvolvendo Blogs e Sites com Wordpress sem Programação

Pode ser qualquer programa de edição de imagens que permita definir o tamanho da foto. Esse tamanho vale para as fotos do cabeçalho desse tema. Se o tema do seu site for outro, siga as instruções de customização do seu tema.

Para que as novas fotos apareçam no cabeçalho do site devemos substituir as fotos originais da pasta:

"c:\wampp\wordpress\wp-content\themes\panorama\header-images"

Inclua seis páginas com os nomes:

- Home
- Fotos
- Vídeos
- Blog
- Contato
- Endereço

Não coloque conteúdo ainda, simplesmente coloque o título das páginas, e altere o campo ordem de modo que a página Home tenha ordem 0, Fotos 1 e assim por diante.

No quadro "Discussão", deixe as opções

- Permitir comentários
- Permitir trackbacks e pingbacks nesta página

Marcadas somente na página "Blog". Nas outras deixe em branco. Depois clique em "Publicar". Desta maneira não permitiremos comentários de usuários nas páginas estáticas do site, somente nos posts do blog.

Em Aparência/Opções do Panorama Theme, altere o item Menu de páginas para ordenar por ordem da página e desmarque o campo "Incluir Home". Salve as alterações.

Alterando essas configurações iniciais, o site já irá aparecer com um layout bem diferente do tema original.

Criando o site — 63

Como desmarcamos a opção de discussão nas páginas do site, exceto na página do blog, o Wordpress inclui a frase "Comentários estão bloqueados". O ideal é apagar esta mensagem, pois não tem nada a ver com o conteúdo da página.

Para apagar essa frase, abra o arquivo "comments.php" que se encontra na pasta "wp-content/themes/panorama". Se o tema de seu site for outro, esse arquivo estará na pasta do tema. Encontre a linha onde a frase "Comments are closed" se encontra e apenas apague a frase deixando o resto do comando como era, inclusive as aspas antes e depois da frase:

<p class="nocomments"><?php _e('Comments are closed','panorama') ; ?></p>

Ficaria:

<p class="nocomments"><?php _e('','panorama') ; ?></p>

Basta salvar o arquivo que a frase some da tela. Outro item que podemos tirar da tela é o autor e data do post. No caso de páginas estáticas não é necessária essa informação.

Caso queira tirar essas informações, abra o arquivo "page.php" que se encontra na pasta do tema, localize e apague os comandos:

<?php _e('By','panorama'); ?>

<?php the_author_posts_link(); ?>,

<?php the_time($ap_dateTimeFormat); ?>

Salve o arquivo e veja como ficou.

Este comando vale para o tema Panorama. Caso esteja utilizando outro tema, essas informações de Autor e Data também estarão no arquivo page.php do tema escolhido. O comando pode não ser exatamente como o do tema Panorama, mas deve ser algo parecido. Antes de alterar qualquer comando nos arquivos do tema, faça uma cópia da pasta do tema. Então altere e veja como ficou. Se algo der errado, volte à pasta onde salvou e o tema volta ao ponto onde foi salvo.

Feita essas alterações as páginas ficarão em branco, apenas com o título. Agora é só adicionar o conteúdo.

Página HOME

Na página principal do site, iremos utilizar um plugin para melhorar a aparência do conteúdo, o "Page Columnist". Ele permite criar colunas no conteúdo da página.

Entre em

http://wordpress.org/extend/plugins/page-columnist/

Faça o download do plugin. Depois de instalado e ativado, irá aparecer no lado direito da tela de edição de posts e páginas o quadro a seguir:

Criando o site — 65

O plugin funciona de uma maneira muito simples. É só escolher a opção de layout que será utilizado na página e cada vez que ele encontrar a tag de quebra de página no meio do texto ele muda de coluna.

Para incluir a tag quebra de página no texto, é só clicar no botão

ou usar as teclas de atalho [Alt + Shift + P].

O quadro do plugin possui as seguintes opções:

% column default spacing. O número mostrado aqui representa a porcentagem da linha que será utilizada para o espaçamento entre as colunas.

Wordpress – Next Page (default) – Significa que não será utilizado as opções de colunas. O símbolo de quebra de páginas não mudará de coluna.

Ordinary Plain Page – Esta página será uma página de texto simples, sem colunas e sem quebras de página.

Every Sub Page as Column – Cada vez que ele encontrar uma quebra de página, ele inicia uma coluna nova.

First Sub Page as Header – Esta opção coloca o texto antes da primeira quebra de página como cabeçalho, sem divisão de colunas, e o texto após a primeira quebra de página dividido em colunas. Para escolher o número de colunas da página, esse texto do cabeçalho deve ser considerado como a primeira coluna.

Last Sub Page as Footer – Este layout coloca o texto em colunas no começo e o texto da última coluna no rodapé da página.

Interior as Columns – E para finalizar, esta opção coloca colunas no texto entre o texto cabeçalho e rodapé.

No quadro seguinte devem ser informados o número de colunas e o que fazer caso haja mais quebras de página no texto do que o número de colunas escolhido.

Hide too much columns – esconde as colunas a mais do texto.

Generate Virtual Pages – Ele gera páginas virtuais para as quebras de página adicionais.

Caso seu texto esteja formatado corretamente com o número de colunas de acordo com o número de quebras de páginas, essas duas opções não alteram nada.

enable Assistance at Preview – Esta opção, se marcada, permite fazer alterações na tela de visualizar a página antes de publicar. Esta opção é interessante principalmente para acertar o espaçamento entre as colunas visualmente.

Escolhi a opção "First Sub Page as Header" e 3 colunas. Inseri o texto abaixo com as quebras de página nos lugares desejados.

Inclusive inseri uma foto na segunda coluna em tamanho miniatura. Fazendo isso, a página Home ficou assim:

Para achar a melhor configuração para o conteúdo de sua página, teste entre as opções e vá analisando as mudanças na página. Evite montar páginas pesadas com muita informação e poucas imagens.

Página de Fotos

Para criar a página de fotos vamos utilizar um plugin com recursos para tratar uma galeria de imagens. Na página de plugins do Wordpress é possível encontrar muitos plugins que tratam imagens. Teste entre os vários plugins para achar aquele que melhor se adapte ao conteúdo de seu site. Como exemplo, vamos usar um chamado "NextGEN Gallery".

Para instalar o plugin entre em

http://wordpress.org/extend/plugins/nextgen-gallery/

Clique em download, salve o arquivo em seu computador, descompacte em "wp-content/plugins". Entre no menu de Plugins e ative o nextgen gallery. Uma opção chamada "Gallery" será adicionada no menu principal do painel de controle.

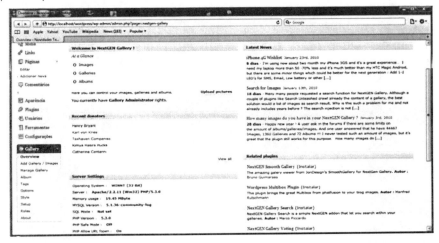

A maneira mais simples de criar uma galeria de imagens é separar as fotos em seu computador, compactar todas elas em um arquivo para fazer upload no nextgen gallery.

Entre no menu "Gallery" e clique em "Add Gallery". De um nome para a galeria de fotos e clique em "Add Gallery".

Clique na aba "Upload a Zip File", escolha o arquivo compactado de seu computador e na opção "in to" informe o nome da galeria criado no passo anterior.

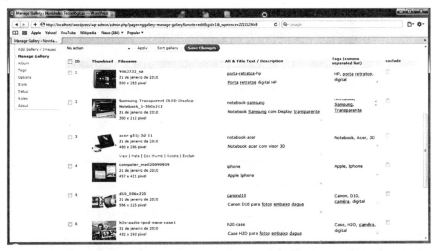

Na opção "Manage Gallery", entre na galeria recém criada e as fotos estarão lá. Colocar título, descrição e tags para cada foto são importantes para ajudar o posicionamento do site nos sites de busca conforme veremos mais adiante. Por isso, sugiro alterar esses campos de todas as fotos.

Para alterar a ordem em que as fotos devem aparecer, entre na opção "Sort Gallery" e arraste as fotos na ordem desejada.

Agora vamos inserir a galeria em nossa página. Entrando na página fotos vamos ver que foi criado um novo botão na caixa de edição da página.

Clique neste botão e aparecerá a tela para escolher as opções da galeria.

Selecione a galeria criada e uma das três opções para mostrar as fotos na página. Escolhendo a opção Image List ele inclui no conteúdo da página o comando **[nggallery id=1]**. Clique em atualizar e veja como ficou a galeria na página. Para testar outras opções, basta apagar esse comando no conteúdo da página e inserir outra galeria.

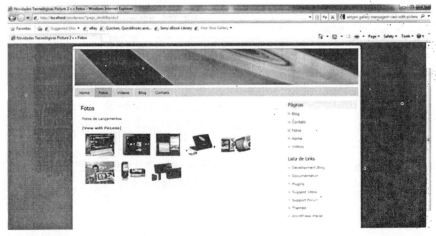

A galeria de fotos será mostrada na posição onde se encontra o comando. Clicando em qualquer foto da galeria ele abre ela em tamanho maior com o título e descrição criados e os comandos para visualizar a próxima e a anterior.

Para apagar o link **[View with PicLens]** que aparece no inicio da galeria, entre no menu "Gallery/Options" e desmarque a opção "Activate PicLens/Coollris" e clique em "Save".

PÁGINA DE VÍDEOS

Vamos mostrar nesta página dois vídeos que estão publicados no site Youtube. Para isso, vamos instalar um plugin chamado "Wordpress Video Plugin", que é um plugin que permite publicar vídeos que se encontram em sites como Youtube, Yahoo! Video, MSN, Google Video, Facebook entre outros.

Entre em

http://wordpress.org/extend/plugins/wordpress-video-plugin/

Clique em "download", instale e ative o plugin da mesma maneira que os anteriores.

Com o plugin ativado basta criar uma tag no conteúdo de sua página com o nome do site onde o vídeo se encontra e o ID do vídeo no formato:

[site ID]

Por exemplo, para adicionarmos um vídeo do Youtube, primeiro precisamos do ID do vídeo. Esse ID é sempre informado no site do vídeo. No caso do Youtube, ele está na URL do vídeo.

No caso do vídeo que se encontra na URL

http://www.youtube.com/watch?v=TrpczEs8Rfo

O ID é o texto que se encontra depois de "?v=", ou seja, "TrpczEs8Rfo".

Isso vale para todos os vídeos do Youtube. Para mostrar esse vídeo em sua página, basta incluir o comando:

[youtube TrpczEs8Rfo]

no lugar desejado no conteúdo da página. Para obter a lista completa de sites que estão disponíveis nesse plugin e descobrir onde se encontra o ID do vídeo em cada um deles, entre em:

http://www.daburna.de/dokuwiki/doku.php/instruction

Com o plugin instalado, coloquei o seguinte conteúdo na página Vídeos:

"Steve Jobs lança o IPAD em um evento realizado na cidade de São Francisco.

[youtube TrpczEs8Rfo]

Veja mais detalhes do lançamento mais esperado dos últimos anos. [youtube OBhYxj2SvRI]"

Chamando a página Vídeos do nosso site, o plugin irá mostrar o vídeo do Youtube na posição onde se encontra a tag no texto.

Página Blog

A página do blog é a mais simples, pois já vem funcionando com o Wordpress. Basta começar a postar. Como definimos que ela seria a página para os posts, é só entrar no menu "Posts", excluir o post que vem na instalação chamado "Olá mundo", caso ainda não tenha sido excluído, e incluir os seus. Eles já irão aparecer na página em ordem cronológica, sendo o último postado em primeiro lugar.

Todos os recursos que usamos até agora nas páginas podem ser usados nos posts. Com os plugins que instalamos já é possível criar posts com galeria de imagens, vídeos, colunas, etc.

Crie um post e entre na opção Blog do menu no site para ver como ficou.

Criando o site — 73

Página Contato

Qualquer que seja a finalidade do site, é importante dar a possibilidade ao visitante de entrar em contato de alguma maneira. Uma forma é informar o endereço e telefone para contato, outra é criar uma página com um formulário para que o visitante possa informar seus dados e o motivo do contato.

Vamos instalar um plugin, chamado "Contact Form 7" que gera automaticamente uma página de contato e envia para o e-mail informado os dados digitados. Bastante útil e simples de ser instalado.

Entre no endereço

http://wordpress.org/extend/plugins/contact-form-7/

e clique em download. Salve o arquivo e descompacte na pasta "wp-content/plugins".

No menu "Plugins", clique em "Ativar" no item "Contact Form 7". Feito isso, irá aparecer um novo item no menu do painel de controle chamado "Contato".

Na primeira parte dessa tela há uma caixa chamada "Formulário de contato 1" e logo embaixo uma linha de comando que deve ser copiada.

74 — Desenvolvendo Blogs e Sites com Wordpress sem Programação

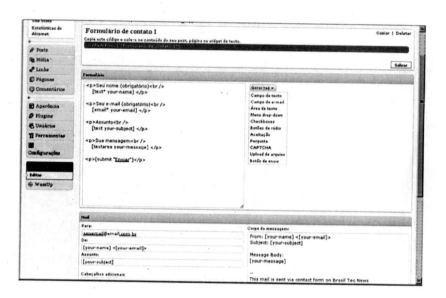

Copie a linha

[contact-form 1 "Formulário de contato 1_copy"]

Depois entre em "Páginas" e clique na página "Contato". Cole o comando acima no conteúdo da página. E isso é tudo. Clique em "Publicar" e depois entre no site para visualizar a página Contato. Teremos uma tela de contato padrão funcionando.

Todas as mensagens digitadas nesta página serão enviadas para o e-mail que consta na tela de customização.

Para customizar esta tela, entre em "Contato" novamente e na caixa "formulário", estão os comandos para cada item dessa tela da seguinte maneira:

<p>Seu nome (obrigatório)
 [text* your-name] </p>

Onde o que aparece entre <p> e
 é o nome do campo e pode ser alterado, e o que aparece entre <br /> e </p> é a tag do tipo de campo e não deve ser alterado.

Para excluir qualquer campo da tela padrão, basta apagar a linha onde se encontra o campo que desejamos excluir. Para apagar o campo que solicita o e-mail do visitante basta apagar a linha

<p>Seu e-mail (obrigatório)

[email* your-email] </p>

Para incluir um novo campo, como "Telefone", por exemplo, devemos criar uma linha na posição desejada, mas antes devemos gerar a tag para o comando.

Para criar a tag clique na opção "Gerar tag".

Escolha um entre os vários tipos de campo existentes e ele já mostra uma tag para ser copiada e colada no comando para inclusão da linha.

Só escolha se o campo deve ser obrigatório ou não. Se for obrigatório, o plugin não deixa o visitante enviar a mensagem enquanto não colocar algo no campo.

Depois é só copiar a tag gerada para ser colada no quadro da direita.

No exemplo acima devemos copiar a tag:

[text text-287] e colar no quadro da direita no formato:

<p>Telefone
[text text-287] </p>

Se colocarmos esta linha entre "Seu nome" e "Seu e-mail"

```
Formulário

<p>Seu nome (obrigatório)<br />
  [text* your-name] </p>

<p>Telefone<br />
  [text text-287] </p>

<p>Seu e-mail (obrigatório)<br />
  [email* your-email] </p>

<p>Assunto<br />
  [text your-subject] </p>

<p>Sua mensagem<br />
  [textarea your-message] </p>

<p>[submit "Enviar"]</p>
```

A tela do site ficará assim:

CONTATO

Seu nome (obrigatório)

Telefone

Seu e-mail (obrigatório)

Assunto

Sua mensagem

Enviar

Na parte debaixo estão as configurações do e-mail a ser recebido quando for clicado em "Enviar". Pode ser adicionado mais de uma conta de e-mail e o formato do email a ser recebido pode ser todo alterado.

As tags utilizadas na configuração do email devem conter somente o nome do campo e não o tipo.

Por exemplo, a tag [text* your-name]

deve ficar somente [your-name].

O "*" na tag informa que o campo é obrigatório e não deve ser usado na configuração do e-mail.

Para incluir o campo telefone que criamos, insira no quadro "Corpo da mensagem" o texto:

Telefone: [text-287]

Onde [text-287] serve somente de exemplo no nosso caso. Essa tag deve ser substituída pela gerada no quadro "Gerar Tag".

Depois é só clicar em "Salvar" e verificar como ficou a página. Envie algumas mensagens e veja como ficou no e-mail. Ai é só alterar até que fique no formato desejado.

ENDEREÇO DA EMPRESA

Na página de endereço da empresa vamos colocar, além do endereço, um mapa, vindo do Google Maps, mostrando a exata localidade do endereço.

Para incluir um mapa junto com o endereço do site, precisamos antes adquirir uma chave no site do Google para que eles possam nos fornecer o serviço.

Para receber a chave, chamada API do Google Maps, que é gratuita, basta entrar no site do Google e se cadastrar.

http://code.google.com/intl/pt-BR/apis/maps/signup.html

Leia os termos, informe a URL do seu site e clique no botão para gerar a chave. Copie a chave, que é um conjunto enorme de números e letras para colar no plugin.

Vamos instalar um plugin chamado "Google Maps for Wordpress". Para instalar o plugin entre em:

http://wordpress.org/extend/plugins/google-maps-for-wordpress/

Faça download do plugin e instale. Após ativar irá ser criado um novo item no menu "Plugins" chamado "wpGoogleMaps Configuration". Entre e cole o número da API Google Maps. Ai clique em "Update Options".

Criando o site — 79

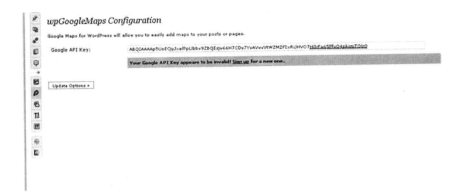

Depois de ativado irá aparecer um novo quadro na tela para inclusão de páginas e na tela para inclusão de posts chamado "Google Maps for Wordpress".

Entre na página "Endereço" que criamos anteriormente e altere o quadro "Google Maps for Wordpress" informando o endereço onde o mapa deve apontar.

Neste quadro temos as seguintes opções:

Location Name – Informe um título para o local.

Address – Informe o endereço completo, inclusive com a cidade, estado e país, para que o Google Maps encontre o local exato.

Location Description – Informe uma descrição para o local. Descrição e título serão mostrados na caixa para mostrar direções.

Map Width – Informe a largura que o mapa será mostrado na tela. O melhor é começar em 100 e ir testando até encontrar a largura ideal, porque vai depender do tema do site.

Map Height – Altura que o mapa será mostrado na tela.

Opções:

Enable Mouse Wheel Zoom – Se permite dar zoom no mapa com a roda do mouse.

Enable Zoom/Pan Controls – Mostra no canto esquerdo no alto do mapa as opções para dar zoom.

Enable Map Type Controls – Permite mostrar o mapa como desenho, imagem de satélite, ou imagem com nome das ruas.

Display option to get directions to this location – Permite mostrar um quadro para que o visitante possa informar o endereço dele e o Google mostre o caminho do endereço dele para o endereço do mapa.

Display option from get directions from this location – Permite mostrar um quadro para que o visitante possa informar o endereço dele e o Google mostre o caminho do endereço do mapa para o endereço dele.

Então, é só clicar em "Send Map to Editor" e será incluído na caixa de digitação do conteúdo do site um comando que será substituído na página pelo mapa.

Depois é só chamar a página ou o post onde foi incluído o comando do Google e o mapa já irá aparecer na posição onde se encontra o comando.

Podem ser incluído vários mapas na mesma tela. Para isso, informe os dados do mapa e clique em "Send Map to Editor". Depois inclua os dados do segundo mapa e clique novamente em "Send Map to Editor".

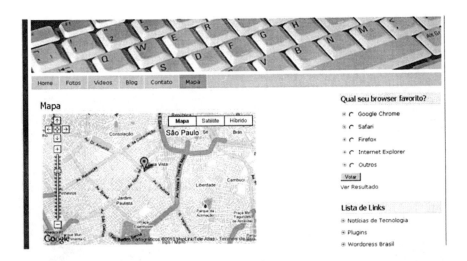

Depois é só chamar o site novamente para ver como ficou. Se a posição ou o tamanho não ficaram bons, basta ir alterando as opções e publicando a página novamente.

Com todas as páginas do site prontas, só resta melhorar os widgets da barra lateral.

Vamos incluir o widget Links, que mostra na barra lateral os links criados no menu "Links" do painel de controle. Eles são importantes para as regras de SEO conforme veremos adiante. Por isso, exclui os links que vieram na instalação do Wordpress e inclui links de sites que têm a ver com o tema de nosso site. Arrastei o item Links para a barra lateral no menu Widgets e já apareceu no site.

Inseri outro item na barra lateral, que é um widget que foi instalado junto com o plugin "NextGEN Gallery". Ele se chama "NextGEN Widget". Arrastei para a barra lateral e nas configurações dele mudei o titulo e a quantidade de fotos.

Chamei novamente o site e ele já estava pronto, com todas as telas funcionando.

Capítulo 11:

Disponibilizando na Internet

Para disponibilizar um site na Internet precisamos seguir os seguintes passos:

1) Definir e registrar uma URL.
2) Contratar uma empresa de Hosting.
3) Criar um banco de dados na empresa contratada.
4) Configurar o Wordpress.
5) Enviar a pasta do Wordpress para a empresa.
6) Acessar o painel de controle do Wordpress para criação do site diretamente no servidor da empresa contratada.

Vamos passar por cada um deles.

Definir uma URL.

URL, Uniform Resource Locator, ou Localizador Padrão de Recursos, é o endereço que um recurso qualquer deve ter para ser encontrado em uma rede de computadores. Estes endereço que os sites possuem na internet é baseado no protocolo IP (Internet Protocol) e é definido através de números como, por exemplo, 192.168.111.100.

Para facilitar o acesso e memorização dos endereços dos sites foi criado o DNS, Domain Name System ou Sistema de Nomes de Domínios, onde a URL passa a ter o padrão **http:// www.nomedosite.com.br**, sendo que a extensão após o nome do site serve para identificar qual o tipo e localidade do site.

84 — Desenvolvendo Blogs e Sites com Wordpress sem Programação

Os tipos mais usados e conhecidos são:

— .com – para designar um site comercial.

— .gov – site do governo

— .edu – site de instituições de ensino

— .blog – site destinado a blogs

— .nom – site de pessoa física

A extensão mais comum, a ".com.br", era permitida somente para empresas jurídicas, e para registrar era necessário fornecer um CNPJ ativo. Agora passou a ser válido para pessoa física também, bastando o CPF para fazer o registro.

Para escolher um nome para a URL de seu site, procure por nomes fáceis de serem lembrados por quem vai acessar o site e que tenham a ver com a finalidade do site. Para verificar a disponibilidade do nome escolhido entre no site oficial do Comitê Gestor da Internet no Brasil.

http://registro.br

e pesquise o nome desejado. O registro pode ser feito nesse site ou através da empresa de hosting. Caso opte por registrar o nome nesse site, o registro fica aguardando os dados onde ficará hospedado, que serão fornecidos pela empresa de hosting, por 10 dias. Depois disso o pedido é cancelado. Informando os dados da empresa de hosting, esse registro tem um custo anual de R$ 30,00.

Algumas empresas de hosting fazem promoções nos seus planos de acesso para que o registro seja feito através deles. Essa é a maneira mais simples, pois o domínio já estará ativo em poucas horas e disponível na internet.

CONTRATAR UMA EMPRESA DE HOSTING

Hosting significa hospedagem, e é isso mesmo que essas empresas fazem. Hospedam seu site em computadores que ficam disponíveis 24hs na internet e já tem capacidade para um grande volume de acessos.

Essas empresas comercializam essa hospedagem de acordo com planos que variam de acordo com o espaço em disco que seu site ocupará no servidor deles, volume de tráfego que o site irá gerar na internet, número de contas de e-mail que serão utilizadas no seu domínio, entre outros.

Para começar um site sempre escolha o plano mais barato, porque ele vai começar com um tráfego baixo e ocupando pouco espaço em disco. Depois, caso se torne necessário ,você pode fazer um upgrade de plano.

O Wordpress é um software desenvolvido em linguagem PHP e utiliza o sistema gerenciador de banco de dados Mysql para armazenar tanto o conteúdo do site como as configurações customizadas. Por isso é importante escolher um plano que tenha Mysql incluído. Normalmente todos têm e isso já vem especificado na relação de itens que compõe o plano mas, caso fique em dúvida, pergunte antes de contratar.

Planos de hospedagem custam em torno de R$ 15,00 mensais, já incluindo tudo que é necessário para colocar o site desenvolvido com Wordpress no ar. Procure nos sites de busca por hospedagem na internet e irá aparecer uma lista enorme. Pesquise preços e vantagens que cada uma oferece antes de decidir por uma destas empresas. O nome escolhido, mesmo que registrado pela empresa de hospedagem, será seu, e mudar de empresa no futuro é uma tarefa bastante simples e totalmente transparente aos visitantes do site. No final do livro relaciono algumas empresas conhecidas que têm bons planos de hospedagem.

Também é possível hospedar o site em empresas que não cobram a taxa mensal, principalmente empresas que não ficam no Brasil e vendem o tipo de domínio ".com", sem o ".br" no final, mas o comprometimento deles com o seu site não é tão confiável e o suporte praticamente não existe.

CRIAR O BANCO DE DADOS

Depois de contratar a empresa devemos criar um banco de dados Mysql no servidor deles, para que os dados do seu site passem a estar disponíveis na Internet.

Normalmente, quando você contrata um plano de hospedagem que tenha Mysql, já vem nas instruções iniciais da hospedagem como criar um banco de dados. No caso de dúvida, sempre consulte o suporte da empresa contratada.

Do mesmo jeito que a instalação local, precisamos, para instalar o Wordpress, das quatro informações fornecidas na criação do banco de dados. Não prossiga enquanto não tiver essas quatro informações na mão. Caso não consiga fazer a criação do banco de dados no painel de controle da hospedagem de seu site, verifique com o suporte da empresa como proceder. Tome nota destas informações:

— Nome do host
— Nome do banco de dados
— Usuário
— Senha

CONFIGURAR O WORDPRESS

Para instalar o Wordpress no servidor da empresa de hosting, sugiro fazer download novamente do programa conforme fizemos na instalação local, para que possamos enviar uma instalação novinha sem os testes que fizemos para aprender a criar um site.

Baixe o programa e descompacte o arquivo em uma pasta de seu computador. Entre no arquivo "wp-config-sample.php" que consta nessa pasta e encontre as linhas:

— define('DB_NAME', 'nomebd');
— define('DB_USER', 'usuario');
— define('DB_PASSWORD', 'senha');
— define('DB_HOST', 'localhost');
— define('DB_CHARSET', 'utf8');
— define('DB_COLLATE', '');

Só que desta vez iremos informar os dados da criação informados pela empresa de hosting. Substitua nomebd, usuário, senha e localhost pelas informações guardadas no passo anterior de nome do banco de dados, usuário, senha e host. As outras duas opções deixe igual à instalação local.

— define('DB_CHARSET', 'utf8');
— define('DB_COLLATE', 'utf8_general_ci');

Salve o arquivo como "wp-config.php", utilizando a opção "Salvar Como" de seu editor de textos.

Para não precisar baixar novamente, copie as pastas dos temas instalados que estão na pasta "wp-content/themes" do endereço local para a pasta "wp-content/themes" dessa nova instalação. Faça o mesmo com os plugins, assim, quando fizer a nova instalação, os plugins já estarão lá, precisando somente ser ativados.

ENVIAR WORDPRESS PARA O HOSTING

Agora precisamos enviar todo o conteúdo desta pasta para a empresa de hosting. O modo mais comum de transferir arquivos pela internet é através de um software de "FTP".

"FTP" significa "File Transfer Protocol", Protocolo de Transferência de Arquivos. Existem vários softwares gratuitos com essa finalidade. Iremos ver aqui o Filezilla Client, que é um programa bastante fácil de ser usado e bastante popular.

Primeiro é necessário fazer o download do programa e instalá-lo. Você pode baixar em

http://www.baixaki.com.br/download/filezilla.htm.

Quando você contrata uma empresa de hosting, eles fornecem a você um endereço FTP, normalmente do tipo "**ftp.nomedoseusite.com.br**", um nome de usuário e uma senha.

Depois de instalado, execute o programa e acesse o menu "File", e dentro dele "Site Manager". Irá aparecer a tela abaixo:

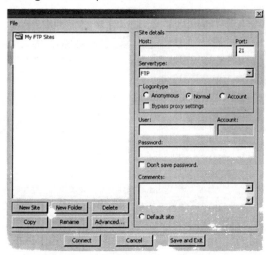

Clique em New Site e dê um nome qualquer para a conexão. Esse nome pode ser o nome da empresa de hosting para facilitar quando você tiver conexões FTP com outras empresas; depois preencha os campos do lado direito dessa tela da seguinte maneira:

Host – Endereço FTP fornecido pela empresa de hospedagem.

Logontype – Tipo de conexão. Deixe em "Normal".

User – Informe o nome de usuário FTP.

Password – Informe a senha do usuário FTP.

Depois clique em "Save and Exit", assim essas configurações já ficam gravadas no programa, e nas próximas vezes para conectar é só clicar no nome que você deu para a conexão. No quadro da direita ele irá criar o link para essa conexão.

Dê dois cliques no link e ele irá se conectar com a empresa de hosting. Se tudo deu certo, irá aparecer a tela da próxima figura, onde constam duas janelas. A do lado esquerdo que contém os arquivos do seu computador, e a do lado direito com os arquivos do servidor. Se não aparecer essa tela, entre em contato novamente com o suporte para verificar porque não está conseguindo fazer a conexão FTP.

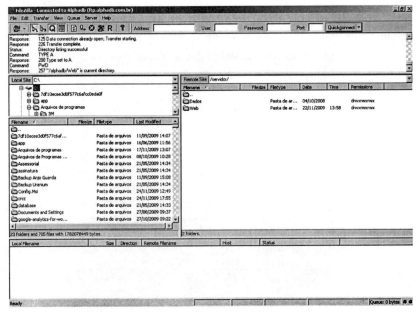

Para enviar um arquivo ou uma pasta do seu computador para o servidor ("upload"), basta arrastar a pasta ou arquivo do lado esquerdo para o lado direito. Se você quiser fazer a operação inversa, ou um "download", basta arrastar a pasta ou arquivo do lado direito para o esquerdo. Quando terminar clique em File > Disconnect e pronto, transferência já foi realizada. Utilize esse programa para transferir o conteúdo da pasta "wordpress" para o servidor.

Esse mesmo procedimento de transferência de arquivos deverá ser usado na instalação de temas e plugins. Na instalação local descompactávamos os arquivos nas pastas "wp-content/themes" e "wp-content/plugins". Na instalação no servidor da empresa de hosting, para instalar um tema ou plugin, você deve descompactar o arquivo baixado em seu computador e transferir a pasta para a pasta "wp-content/themes" ou "wp-content/plugins" do servidor, usando o Filezilla.

ACESSANDO O WORDPRESS

Depois de transferir a pasta Wordpress para o servidor, é só digitar a URL de seu site e irá aparecer a tela de boas vindas do Wordpress para fazer a instalação. Caso isto não aconteça, entre em contato novamente com o suporte da sua empresa de hosting para saber o que aconteceu. Como cada empresa trata os arquivos da hospedagem de uma maneira, só eles poderão ajudar a acessar o arquivo inicial da pasta Wordpress.

Depois de instalado o endereço do painel de controle do site passa a ser

http://www.nomedoseusite.com.br/wp-login.php

E o endereço para acessar o site passa a ser

http://www.nomedoseusite.com.br

Desta maneira seu site já está disponível na internet e pode ser visualizado por todos que acessarem o endereço acima. Antes de divulgar o endereço, instale um tema e os plugins, e inclua o conteúdo.

SEGURANÇA

Dependendo da hospedagem, quando uma pasta é criada no servidor da empresa de hosting, ela é criada com a propriedade de somente leitura.

Neste caso os plugins que criam pasta ou fazem "upload" para pastas no servidor como o "NextGen" que envia fotos, darão erro de segurança. Normalmente você consegue alterar as permissões de pastas no próprio painel de controle da hospedagem, mas, se não for o caso, entre em contato com o suporte da empresa de hospedagem para saber como alterar permissões de pastas.

Utilize as técnicas que aprendemos nesta seção do livro para criar um novo site. Teste bastante os temas e plugins disponíveis para achar novas funcionalidades. Todos os dias entram plugins e temas novos no site do Wordpress.

PARTE II

ADMINISTRANDO O SITE

Capítulo 12:

Estatísticas do Site

Depois de disponibilizar o site na internet, teremos que cuidar dele para que se mantenha atualizado e tenha um bom desempenho em relação às visitas. Através de alguns plugins instalados no site poderemos analisar as seguintes informações:

— Quantidade de visitas diárias no site.

— Quantos acessos estão vindos diretamente pela URL.

— Quantos acessos chegam por links em outros sites e que sites são estes.

— Quantos acessos chegam por sites de busca.

— De que localizações geográficas são os visitantes do site.

— Quais páginas do site ou posts estão sendo mais acessados.

Saber o que está dando certo no site e o que não está irá ajudar muito na melhoria do próprio site e também em ações de marketing, conforme veremos adiante.

Quanto mais informações você tiver em mãos para analisar o desempenho do site, melhor; por isso, vamos analisar três ferramentas que fornecem estatísticas do site.

Wordpress.com Stats – Plugin utilizado no site da wordpress.com.

Wassup – Plugin com muitas informações online

Google Analytics – Serviço do Google para estatísticas de site.

WORDPRESS.COM STATS

O plugin "Wordpress.com Stats" é o mesmo que os usuários do site "wordpress.com" têm no painel de controle de seus blogs. Para instalar esse plugin, é necessário ter uma "API Key" que é a mesma que utilizamos para instalar o plugin Akismet.

Para instalar o plugin entre em:

http://wordpress.org/extend/plugins/stats/

Descompacte o arquivo e envie a pasta do plugin para a pasta "wp-content/plugins" do servidor. Depois entre no menu "Plugins" e ative o plugin "wordpress.com stats".

Ao clicar em ativar aparece uma linha vermelha dizendo que o plugin precisa de sua atenção, e clicando nessa linha ele pede o "API Key". Informe a chave e clique em "Add to my wordpress account". O plugin adiciona um novo item na opção "Painel" do menu chamado "Site Stats". O plugin começa a guardar informações de acesso ao site a partir desse momento, por isso aguarde algumas horas para entrar nessa opção, ou mesmo dias para que ele tenha tempo de coletar informações suficientes para mostrar os gráficos de acesso.

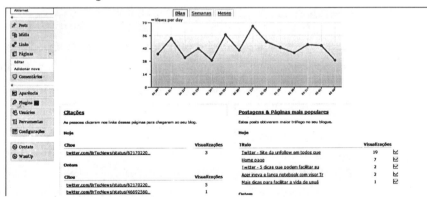

Depois de alguns dias teremos informações gráficas conforme a figura acima. Um gráfico com o número de visitas por dia, semanas ou meses e várias informações, como a página mais visitada do seu site, quem citou seu site, os termos usados no mecanismo de busca que levaram as pessoas a acessarem seu site entre outros.

Além da tela inicial, o plugin exibe outra tela com tabelas que mostram o desempenho de visitas no site ao longo do tempo.

Wassup

Existem vários plugins que mostram estatísticas de acesso ao site, mas selecionei outro que acho muito bom para estatísticas online. Ele atualiza a tela a cada três minutos mostrando de onde está vindo o acesso ao site e o gráfico mostra os acessos nas últimas 6hs, 24hs, 7dias, 1 mês, 3 meses, 6 meses, 1 ano ou todo o período desde a instalação do plugin.

Ele também dá a opção de mostrar os gráficos sem SPAM e SPIDERS para que possamos ter a exata noção dos acessos feitos por pessoas e não por programas.

SPAM

São mensagens enviadas em massa para e-mails, celulares, posts, sem o consentimento de quem está recebendo. Eles atrapalham as estatísticas do site por não serem visitantes e sim programas que estão acessando sites sem se importar com o conteúdo.

SPIDERS

São programas que varrem a internet atrás de informações de sites e são utilizados principalmente por sites de busca. Eles também atrapalham as estatísticas de acessos ao site.

Para instalar o plugin, faça download do programa no endereço:

http://wordpress.org/extend/plugins/wassup/

Descompacte e instale da mesma maneira que os demais e entre no menu "Plugins" para ativar. Um novo item será criado no painel de controle do Wordpress chamado "Wassup". Neste menu teremos quatro opções:

Detalhes do Visitante – é a tela inicial do plugin e mostra o gráfico com a quantidade de acessos ao site e uma lista com informações dos usuários que fizeram os últimos acessos, mostrando por ordem cronológica decrescente, sendo em primeiro lugar dados da última pessoa que acessou o site, com o endereço IP, como ela chegou ao site e até que navegador foi utilizado para ver o site.

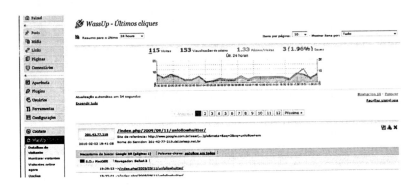

Monitorar Visitantes – Esta opção permite filtrar os vários tipos de acesso ao site para ver as informações somente dos usuários selecionados. Por essa tela é possível saber quem são os visitantes que estão acessando o site naquele momento.

Visitantes online agora – Esta tela mostra apenas os usuários que estão acessando o site no momento da consulta.

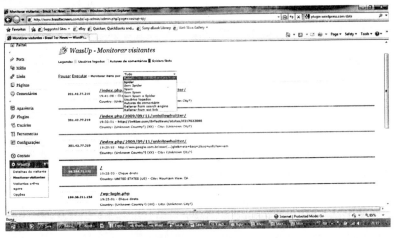

Opções – Esta é a tela de configuração do plugin que permite alterar resolução de telas, desinstalar o plugin entre outras. Uma opção que deve ser acessada de vez em quando é a aba para gerenciar arquivos e banco de dados.

Todas as informações mostradas minuto a minuto ficam armazenadas no banco de dados, e às vezes é bom limpar essas tabelas nessa opção, para melhorar o desempenho do plugin.

GOOGLE ANALYTICS

O Analytics é uma ferramenta do Google gratuita, bastante rica em detalhes dos acessos ao site. Apesar de não mostrar as atualizações tão rapidamente como o Wassup, vale acessar pela quantidade de informações que podemos extrair dos relatórios disponíveis no site.

Para instalar o Analytics são necessários dois passos:

— Abrir uma conta no site do Analytics e receber um código que será o código que será utilizado para que eles possam analisar o seu site.

— O segundo passo é instalar um plugin no Wordpress para receber esse código.

Se você possui uma conta em qualquer um dos serviços Google, como Gmail ou Orkut, pode usar o login e senha deles para se conectar. Caso contrário, basta clicar em Inscrever-se agora, informar um e-mail válido, usuário e senha para acessar o site, e a conta já esta aberta.

Para conhecer melhor o Analytics entre no site

http://www.google.com/intl/pt-BR_ALL/analytics/index.html

E faça um tour pelo produto. Depois abra uma conta, informe a URL do seu site e siga as instruções até chegar à tela onde ele pede para copiar alguns comandos e colar nas páginas de seu site. Para o plugin do Wordpress não será necessário copiar todos os comandos, apenas o código de sua conta.

Este código se encontra na linha

var pageTracker = _gat._getTracker("UA-12345678-9");

E é o código que se encontra entre aspas. No caso acima o código é UA-12345678-9. Guarde bem esse número para colar no plugin.

Para instalar o plugin, faça download em

http://wordpress.org/extend/plugins/google-analytics-for-wordpress/

E instale como os outros. Descompacte o arquivo e mande a pasta para a pasta "wp-content/plugins" do servidor.

Ative o plugin e entre na opção "Configuração". Informe o código recebido no campo "Analytics Account ID" e clique em "Update Google Analytics Settings". Isso é suficiente para que o Google comece a monitorar o site.

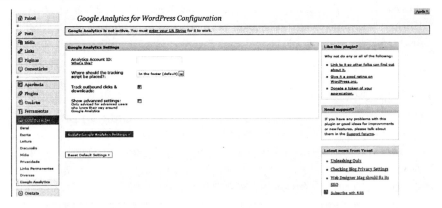

Espere alguns dias e entre no site do Analytics novamente para analisar os relatórios. Explore bem cada um deles.

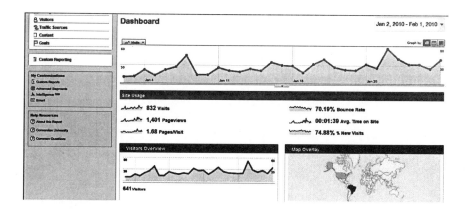

Vamos ver nos próximos capítulos como melhorar a visibilidade do site na internet. Tão importante quanto um site bem produzido é o trabalho de divulgação para que ele possa ser encontrado e possa trazer resultados concretos para o sucesso do seu negócio.

Capítulo 13:

Seo

Quando pesquisamos algo na internet através dos sites de busca, acionamos um mecanismo por trás desses sites que usa uma série de fatores para determinar a ordem em que os sites irão aparecer no resultado da busca.

Estes fatores estão de acordo com vários algoritmos que são o segredo de sucesso desses sites, e guardados a sete chaves. No entanto algumas regras para melhorar o posicionamento são conhecidas e devem ser aplicadas. Pesquisas mostram que ao fazer uma busca as pessoas acabam escolhendo entre os sites da primeira página, e dificilmente passam da terceira página; por isso, as empresas tem se preocupado cada vez mais em aplicar regras em seus sites para melhorar o ranking nas buscas.

Se consultarmos no Google por "materiais de construção", por exemplo, teremos a seguinte tela:

Esta tela nos mostra que a pesquisa retornou mais de quatro milhões de sites e o primeiro site que consta da lista é o da loja de materiais de construção Leroy Merlin. Ele saiu na frente dos seus concorrentes por uma série de fatores, mas com certeza quem elaborou o site se preocupou mais com algumas regras na criação voltadas para melhorar o posicionamento nos sites de busca do que seus concorrentes.

O primeiro link que está em destaque e os da coluna da direita são links patrocinados, ou seja, pagos. Iremos tratar de links patrocinados em um capítulo mais adiante.

Desta maneira, tornou-se importantíssimo que um site, ao ser desenvolvido, leve em consideração algumas técnicas que ajudam a melhorar a posição deles nas buscas. Essas técnicas são conhecidas como SEO, abreviação de Site Engine Optimization, ou Otimização dos Motores de Busca. Elas são muitas, algumas conhecidas e outras nem tanto, e assunto para vários livros, o que não é nosso objetivo aqui. O importante é saber que elas existem e que temos ferramentas no Wordpress para ajudar nesse posicionamento, através da instalação de alguns plugins.

O plugin de maior sucesso em número de "downloads", na extensa lista de plugins do Wordpress, com mais de quatro milhões de "downloads", é o plugin "All in One SEO Pack" que otimiza o site para melhorar o seu posicionamento nas buscas.

Os mecanismos desses sites utilizam de programas robôs, conhecidos como "Spiders", que fazem uma varredura na internet e vão armazenando os sites e palavras chave para indexar as buscas. Esse plugin altera o código fonte dos programas de seu site para facilitar o entendimento do site por esses robôs.

Outro plugin que ajuda seu site a melhorar de posição e que também faz grande sucesso entre os usuários do Wordpress é o "Google XML Sitemaps". Ele cria um mapa do seu site para ajudar os "Spiders" a se locomover dentro dele.

Vamos ver como instalar esses dois plugins.

ALL IN ONE SEO PACK

Para instalar entre em:

http://wordpress.org/extend/plugins/all-in-one-seo-pack/

e faça download. Instale o plugin da mesma maneira que os outros e depois ative no menu do painel de controle. Ativado, ele cria um novo item no menu "Plugins" do painel de controle chamado "All in One Seo Pack".

A grande vantagem dele, para iniciantes, é que não precisa ser feito mais nada. Basta ativar e ele faz o resto; só que ele assume as configurações de acordo com o conteúdo e às vezes pode falhar em algumas deduções, por isto é sempre bom verificar as configurações.

Ele tem uma configuração para o site como um todo e uma para cada página ou post. Para alterar as configurações do site, entre na opção "Options configuration panel" do menu do plugin. As opções são:

Plugin Status – Sempre que ele é atualizado ele desabilita o plugin e às vezes não consegue habilitar de volta. Por isso, sempre que houver uma atualização de versão do plugin, é bom verificar se está em "Enabled".

Home Title – Sempre é bom ter no título do site palavras que definam o conteúdo. Se estiver em branco ele assume o título do Wordpress, mas caso no título do Wordpress conste somente o nome da empresa, por exemplo, você pode adicionar outras palavras nessa opção.

Home Description – Aqui é bom sempre preencher, porque se estiver em branco ele não considera nada, e é um texto que define o conteúdo do site e pode ser utilizado para reforçar palavras chave que definam o conteúdo do site.

Home Keywords – Esta opção também não deve ficar em branco e deve conter palavras chave que melhor descrevam o conteúdo do site. As palavras devem ser separadas por vírgula. Apesar de se falar palavras, podem ser usados termos com mais de uma palavra, como por exemplo, "materiais de construção".

Canonical URLs – Esta opção foi adicionada recentemente e serve para ajudar a prevenir itens de conteúdo duplicado nos mecanismos de busca. Basta deixar marcado.

Rewrite Titles – Se estiver marcado, ele reescreve todos os títulos do site, páginas, posts, categorias e buscas de acordo com o padrão especificado nos itens seguintes. É bom deixar esse e os próximos itens do jeito que estão, pois estão mais bem formatados para SEO do que o padrão do Wordpress.

Post Title Format – Mostra o padrão a ser usado pelo programa para reescrever o título do post de acordo com as normas de SEO. Deixe como está. O mesmo serve para as outras opções de formatação. Podem ficar todas como estão.

Use Categories for Meta Keywords – Clique nesta opção se as categorias utilizadas no site contêm palavras importantes para os sites de busca. Caso contrário, deixe como está.

Use Tags for Meta Keywords – Mesmo que categorias. Se os tags utilizados nos posts sempre contêm palavras-chave para o site, clique nesta opção; caso contrário, deixe como está.

Dynamically Generate Keywords for Posts Page – Esta opção serve para criar palavras chave dinamicamente para sua pagina de posts, caso ela não seja a página principal que é a default do Wordpress. Se estiver marcado ele cria dinamicamente palavras baseadas nos posts da página ou caso contrario você deve criar as palavras manualmente para cada post.

Use noindex for... – Esta opção diz aos mecanismos de busca para não indexar essa área do site. Deixe marcadas as três opções para evitar risco de conteúdo duplicado.

Autogenerate descriptions – Use esta opção caso queira que o programa utilize os primeiros 150 caracteres do post ou conteúdo da página para os mecanismos de SEO. Como nem sempre as principais palavras do texto estão no começo, não é aconselhável usar esta opção.

Capitalize Category Titles – Clique nesta opção caso queria que a primeira letra de cada palavra no titulo esteja em maiúscula nos mecanismos de busca. Pode ficar como está que não influenciará em nada nas buscas.

Exclude Pages – Neste quadro devem ser colocadas as páginas que devem ser excluídas no mecanismo de busca. Opção é útil caso tenha alguma página desenvolvida no Wordpress que não tem nada a ver com o site.

Additional... – Textos utilizados nas três opções seguintes serão incluídos na seção "Head" de suas páginas. Deixe em branco que não irá mudar nada nos mecanismos de busca.

Log Important Events – Deve ser usado por programadores que queiram analisar os logs de problemas que por acaso venham a ocorrer. Deixe em branco também.

Para alterar as configurações de cada página ou post, foi incluído um novo quadro na tela de inclusão de páginas e posts conforme abaixo:

Seo — 105

Todas essas possibilidades são opcionais e, se deixadas em branco, o programa utilizará o conteúdo do site; mas é altamente aconselhável a utilização desses recursos, pois o programa considera apenas 160 caracteres do texto, e se estiver em branco ele vai utilizar os primeiros caracteres do conteúdo, que nem sempre mencionam o conteúdo todo que consta na página. Por isso, faça um resumo com as principais palavras chave de seu texto nesse quadro.

O que for digitado aqui não aparecerá no site, só serão utilizados nos mecanismos de busca, e esses já estão de acordo com os padrões desses sites.

Title – Titulo da página é um dos fatores mais importantes para os mecanismos de busca; por isso, sempre coloque um título aqui, principalmente se sua página não tiver um título. Coloque um titulo de até 60 caracteres que descreva o conteúdo da página. Se você deixar em branco, ele utilizará o titulo da página, mas lembre-se que esse título será utilizado pelos mecanismos de busca e devem conter algumas palavras chave. As principais devem estar no começo do título.

Description – Descrição é um texto de até 160 caracteres que será mostrado nos sites de busca junto com a URL de sua página. Esse texto também terá influência no posicionamento do site na busca, por isso escreva algo que contenha as principais palavras chave e que definam o conteúdo de uma maneira resumida.

Keywords – Palavras chave são as palavras que melhor identificam o conteúdo. Coloque as palavras separadas por vírgula. Palavras chave são importantíssimas para que seu site seja encontrado; por isso, elabore uma lista de todas as palavras importantes que definam o conteúdo e coloque as principais na frente. Além de palavras, podem ser usados termos ou frases também.

Title Attribute – Atributo do título é o texto que aparecerá quando passarem o mouse sobre o link da sua página, e apesar de opcional pode ajudar a dar ênfase a algumas palavras chave.

Menu Label – É o texto do menu utilizado para acessar esta página. Vale o mesmo que o título; se estiver em branco, será usado o texto do menu no site.

Disable on this page/post – Se clicado desabilita as opções de SEO para esta página.

GOOGLE XML SITEMAPS

O Google XML Sitemaps é um plugin mais simples ainda, porque não precisa fazer nada depois da instalação. Ele cuidará da indexação do site para facilitar que os programas "Spiders" naveguem dentro dele identificando as principais palavras chave.

Para instalar o plugin entre em:

http://wordpress.org/extend/plugins/google-sitemap-generator/,

Clique em download e instale da mesma maneira que os demais. Depois é só ativar e pronto.

Depois de instalados, os plugins otimizam as palavras incluídas em cada página de seu site para ter uma posição melhor nas buscas. Por isso, lembre-se sempre quando alterar o conteúdo de uma página, dedicar algum tempo organizando as palavras chave de seu texto e preenchendo corretamente os itens do plugin.

Capítulo 14:

Divulgando o Site

Além de aplicar as regras de SEO, vamos ver outros artifícios que também devem ser usados. O seu site não será o único a utilizar ferramentas de SEO, portanto quanto mais elementos usarmos para divulgar o site, melhor será o desempenho para obter resultados para o seu negócio.

Vamos ver a seguir alguns métodos gratuitos que podemos usar no site para ajudar na divulgação.

Links

Links também têm uma grande relevância nas regras de SEO. Antes de surgirem os mecanismos de busca, a única maneira de um site ser encontrado na internet era digitando a URL dele ou através de links existentes em outros sites. Os links, hoje em dia, ainda são muito utilizados para ajudar o site a ser encontrado, e eles contam pontos nos programas de SEO. Quanto mais sites estiverem apontando para o seu, melhor, e para conseguir que outros sites apontem para o seu, você também deve ter uma lista de links apontando para outros sites.

Quando criar links, procure por sites relevantes ao conteúdo e não simplesmente uma lista com sites sem nenhuma relação com o seu. A função principal dos links é gerar tráfego entre os sites que têm alguma relação entre si. Quando alguém cria um link apontando para o seu site, ele esta dando um voto de confiança no conteúdo e pedindo para seus visitantes olharem algo interessante.

Faça o mesmo quando criar links. Aponte para lugares que você gostaria que seus visitantes olhassem também.

Ter uma página com um blog de notícias em seu site que sempre esteja atualizado com assuntos interessantes pode atrair outros sites a publicarem um link para o seu. Blogs e notícias em sites têm contribuído para aumentar o tráfego de visitas no site, que afinal é o que todo mundo deseja.

O Wordpress tem um item exclusivo no menu para administrar os links do site, e um widget para mostrar na barra lateral os links incluídos nessa lista, inclusive permitindo separá-los por categoria.

Entre na opção Links do menu do Wordpress e clique na opção "Excluir" de cada link que vem na instalação do software, a não ser que você queira manter algum deles. Depois clique em "Adicionar Novo" para incluir os links que irão constar em seu site. Na tela para inclusão de links temos as seguintes opções:

Nome – Informe o nome que irá aparecer na sua lista de links do site. Clicando neste nome, o visitante será direcionado para o site.

URL – Informe o endereço do site a ser direcionado quando o nome for clicado.

Descrição – Escreva um pequeno texto que descreva o conteúdo do site. Esse texto irá aparecer quando o mouse passar por cima do link.

Categorias – Caso queira separar os links do site por categoria, você pode adicionar uma categoria clicando em "Adicionar nova categoria", ou escolher uma, caso já tenha sido criada.

Destino – Permite escolher a forma como o novo site será aberto.

— blank – nova janela ou aba, deixando o seu site aberto.

— topo – janela ou aba onde se encontra seu site sem frames

— none – mesma janela ou aba onde seu site se encontra.

Relação de Links XFN – Serve para codificar o seu relacionamento com o dono do Link. Na prática não muda nada na sua lista de links.

Avançadas

Endereço de Imagem – Alguns temas permitem a inclusão de uma imagem ao lado do link. Caso esse seja o caso, inclua aqui a URL onde se encontra a imagem que representa o link.

Endereço do Feed RSS – Aqui é possível incluir a URL do endereço de feed RSS do link. Só tem utilidade nos temas que permitem a assinatura de feeds RSS junto aos links.

Notas – Outro item que só tem utilidade de acordo com o tema escolhido. Alguns temas permitem a inclusão de notas abaixo do link.

Classificação – Você pode dar uma nota ao link de 0 a 9 e, novamente, será útil apenas se o tema escolhido tratar a classificação.

Depois de incluir sua lista de links, entre na opção Aparência/Widgets e arraste para a barra lateral o item Links. Sua lista de links já estará disponível no site.

Mídias Sociais

Segundo a consultoria comScore, o Brasil é o segundo país no mundo em número de acesso a redes sociais, perdendo somente para a Rússia. Em média os brasileiros visitam 1.200 páginas por mês e gastam mais de 6 horas conectados nessas redes. Acesso a redes como Orkut, Twitter e Facebook já representam 65% de toda audiência da Internet no mundo.

Por isso, cada vez mais as empresas estão utilizando esse canal para se comunicar com seus parceiros.

No Wordpress, podemos encontrar vários plugins para fazer a integração entre o site e estas redes. Vamos ver alguns que podem ajudar bastante na divulgação do site. Através destes plugins podemos postar notícias sobre a empresa diretamente do site para a rede e vice-versa.

TWITTER

Twitter é uma rede social, conhecida como microblog ,que permite aos seus usuários enviarem textos de até 140 caracteres, conhecidos como tweets. Esses textos são lidos por seus seguidores, conhecidos como followers. O objetivo é que você leia os tweets que as pessoas que você segue enviam e os seus seguidores leiam os textos que você escreve.

Estima-se em mais de oito milhões de usuários no Brasil e mais de cinquenta milhões no mundo. Mais de um quarto das pessoas que têm acesso à rede estão conectadas ao twitter. Se você ainda não é usuário do twitter, abra uma conta gratuitamente e comece a divulgar sua conta para atrair seguidores. Para abrir uma conta entre em:

http://twitter.com

E clique em "Signup now". Informe um nome de usuário que deve ser único e siga as instruções para criar sua página. Página criada, seu endereço no twitter passa a ser:

http://twitter.com/nomedoseuusuario

Com a conta aberta podemos incluir um plugin no site que mostra na barra lateral os últimos posts do twitter e também enviam automaticamente para o twitter os posts incluídos no blog do site. Chama-se Twitter Tools.

Entre em:

http://wordpress.org/extend/plugins/twitter-tools/

Clique em download e instale o plugin da maneira padrão. Depois ative o plugin e irá aparecer um novo item no menu "Configurações" chamado "Twitter Tools".

Twitter Tools Options

Informe a conta e senha do Twitter e caso queira que os posts do blog do site sejam enviados automaticamente para a conta do twitter, altere a opção seguinte, "Enable option to create a tweet when you post on your blog?" para "Yes".

Clique em "Update Twitter Tools Options". No menu de Posts foi criado um novo item chamado "Tweet" onde podemos mandar um tweet, como são chamados os posts no twitter, diretamente do painel de controle do Wordpress.

Na página para inserir posts também foi incluído um item chamado "Twitter Tools" que, caso tenha sido habilitado, pergunta em cada post se queremos mandar o conteúdo para o twitter e se queremos incluir um hashtag.

Hashtags é uma maneira de unir tweets em geral que tratam do mesmo assunto e facilitar as buscas. Caso queira incluir um hashtag em seu tweet, adicione "#" antes da palavra que será usada para pesquisas futuras.

E finalmente ,no menu Widgets também foi incluído um item chamado Twitter Tools que, se arrastado para a barra lateral, mostra na barra lateral do site os últimos posts do twitter. No menu de configuração é possível escolher a quantidade de tweets a serem mostradas na barra lateral.

FACEBOOK

Outra mídia que cresceu muito nos últimos anos foi o Facebook. Ele começou em 2004, criado por um estudante de Harvard para conhecer o perfil das alunas da faculdade. Seis anos depois o site tem 400 milhões de usuários ativos no mundo e a empresa está avaliada em mais de 15 bilhões de dólares. Segundo o Ibope Nielsen Online, em setembro de 2009 havia mais de cinco milhões de usuários no Brasil. Este número dobrou em apenas cinco meses. Números impressionantes e importantes para divulgar qualquer site.

Fazendo uma busca nos plugins Wordpress pela palavra Facebook, vamos encontrar vários plugins para fazer a integração entre ambos. Vamos instalar um chamado "Add to Facebook" que cria um link nas páginas do site e nos posts do blog para que o leitor possa compartilhar com todos os amigos dele no Facebook a notícia ou página de seu site. Quando ele clicar nesse link, irá abrir a tela do Facebook dele já com a página em formato de link nos minifeeds para ser compartilhado.

Entre em:

http://wordpress.org/extend/plugins/add-to-facebook-plugin/

Clique em download e instale o plugin.

Ativando o plugin ele já cria o link no final de cada página ou post do site. Esse link se chama "Share on Facebook" conforme consta no post da figura abaixo. É possível traduzir essa frase, para isto abra o arquivo "addtofacebook.php" que se encontra dentro da pasta do plugin com um editor de texto qualquer e altere todas as ocorrências da frase "Share on Facebook" pela frase desejada. Salve o arquivo antes com outro nome para poder voltar como era caso ocorra algum problema.

Divulgando o Site — 113

Se clicarmos em "Share on Facebook", ou na frase traduzida, o plugin irá abrir a página do Facebook de quem está lendo já pronta para compartilhar a mensagem.

SOCIABLE

Um plugin mais completo que esse é o "Sociable". Ele permite escolher entre 99 redes sociais, quais irão aparecer no fim das páginas, além de permitir alterar o título do quadro onde irão constar os ícones das redes escolhidas.

Para instalar o plugin entre em:

http://wordpress.org/extend/plugins/sociable/

Faça download e instale o plugin. Depois de instalado clique em ativar e já aparecem no final das páginas do site os ícones de algumas redes para compartilhar a página.

114 — Desenvolvendo Blogs e Sites com Wordpress sem Programação

No menu "Configurações" aparece um novo item chamado "Sociable", onde é possível escolher quais símbolos das redes irão aparecer no site. Também é possível selecionar em que tipos de página irão aparecer os ícones do plugin e ainda trocar o título do quadro onde eles aparecem.

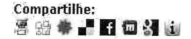

Entre as opções de redes sociais para incluir o ícone no site, também podemos encontrar opções para dar nova funcionalidade à página, como imprimir ou gerar a página em arquivo PDF.

ORKUT

Apesar do crescimento enorme do Facebook no Brasil nos últimos meses, o Orkut ainda reina com 26 milhões de usuários, dados de setembro de 2009. Da mesma maneira que o Facebook, deixar que o leitor compartilhe uma informação que achou interessante com seus amigos pode render muitas visitas ao site.

Vamos incluir no site um plugin que funciona exatamente da mesma maneira que o "add to facebook", só que dessa vez incluindo um link para adicionar a página no Orkut do leitor. Para instalar o plugin entre em:

http://wordpress.org/extend/plugins/add-to-orkut/

Faça download e instale o plugin. Depois é só ativar que já aparece no final de cada página ou post um link chamado "Add to Orkut". Para traduzir o link, edite o arquivo "addtoorkut.php" que se encontra na pasta do plugin e substitua todas as ocorrências da frase "Add to Orkut" pela frase desejada. Ao clicar no link, o plugin encaminha o visitante para página do Orkut dele com o texto pronto, bastando clicar em compartilhar.

FOLLOW ME

Além de permitir que os visitantes do site compartilhem com os amigos deles as páginas do site nas redes sociais, também é possível sugerir que eles se tornem seu seguidor ou seu amigo nessas redes. Para isso, você necessita ter uma conta nessas redes para encaminhar o visitante.

Vamos instalar o plugin "Follow Me" que integra com várias redes. Entre em:

http://wordpress.org/extend/plugins/follow-me/

Depois de instalar e ativar o plugin, entre no menu "Configurações" e no novo item "Follow Me Options".

Informe o caminho completo da sua conta nas redes disponíveis no plugin. As principais são:

Twitter, Facebook, Myspace, Linkedin, Youtube, Flickr, Picasa, Orkut, entre outros.

Clicando no ícone o visitante é encaminhado para sua página na rede escolhida para se tornar seu amigo ou seguidor. Também é possível escolher o design do quadro onde irão aparecer os ícones das redes escolhidas para fazerem parte de suas páginas conforme a figura abaixo.

RSS Feeds

Programas leitores de feeds surgiram para facilitar a vida de quem gosta de ler notícias de várias fontes. Em vez de ter que ir de site em site todos os dias, o leitor assina os serviços de RSS, como são conhecidos, e as manchetes das notícias de cada site irão direto para o programa. Se alguma notícia interessar, basta clicar na manchete que o programa direciona para a notícia na íntegra.

Fornecer em seu site uma maneira do leitor virar assinante irá contribuir para que ele sempre leia os posts inseridos no site. Esses programas leitores de Feeds ficaram bastante populares em dispositivos móveis, como celulares e smartphones e muitos deles já vêm com leitores pré-instalados.

Os programas mais conhecidos para quem deseja ler notícias de várias fontes em um lugar só são:

Google Reader – www.google.com/reader

Blogline – www.blogline.com

Newsgator – www.newsgator.com

Para que o site possa estar disponível para quem quer assinar o serviço, é necessário uma URL específica para esse fim, e não a URL do site. Novamente o principal serviço para disponibilizar as notícias do seu site é uma empresa do Google chamada Feed Burner. Se inscrevendo nesse serviço, ele criará uma URL onde as páginas de seu site irão aparecer no formato XML, que é o formato que esses programas leitores de feeds recebem para disponibilizar aos assinantes. Ele ainda gera um código para que seja copiado e colado no site para facilitar a divulgação. Depois é só colar esse código em um Widget de texto e já irá aparecer na barra lateral do site o botão de inscrição.

É possível acompanhar o andamento das assinaturas de seu site através do site do Feed Burner. Ele disponibiliza vários relatórios para controlar a quantidade de assinantes do site, as visitas por dia, as notícias mais lidas e de que localização geográfica são os leitores.

O serviço é gratuito. Para abrir uma conta entre em:

http://feedburner.google.com

Informe usuário e senha de sua conta Google, a mesma do "Adsense" ou do "Analytics". Na tela seguinte informe a URL de seu site na caixa "Queime um feed agora mesmo" e clique em "Próximo".

Na tela seguinte informe um título para a página de feeds que pode ser o mesmo do site e uma palavra para completar o endereço que pode ser "nomedoseusite". O endereço para divulgar sua página de feeds será algo como:

http://feeds.feedburner.com/nomedoseusite.

Clique em "Próximo" e na tela seguinte marque todas as opções caso queira estatística das visitas. Altamente recomendável.

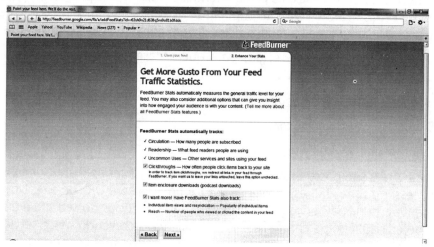

Depois escolha a plataforma de seu blog. No nosso caso é "Self Hosted Wordpress", ou "Wordpress em um domínio próprio".

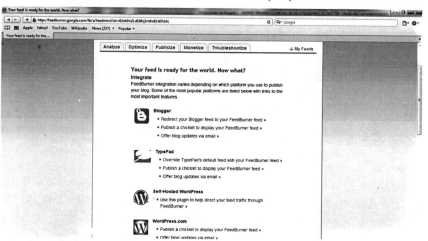

Pronto, sua conta já está ativa. Acessando o endereço

http://feeds.feedburner.com/nomedoseusite

Divulgando o Site — 119

Visualizaremos os posts do site no formato XML.

O próximo passo é gerar um código para facilitar a divulgação do serviço no site. Entre na aba "Publicize", ou "Publicar", clique no link "friendly graphic" e escolha uma das animações para que ele gere o código HTML.

No fim da tela irá aparecer um código que deve ser copiado para posteriormente colarmos no widget do site.

Entre no painel de controle do Wordpress, na opção "Aparência/Widgets". Arraste o item "Texto" para a barra lateral e posicione no lugar desejado.

Clique na caixa "Texto", informe um título, do tipo "RSS" ou deixe em branco e cole o texto gerado no "Feed Burner". Clique em "Salvar" e o ícone "RSS" já estará disponível no site.

Depois é só fazer visitas frequentes ao site do Feed Burner para ver como andam as assinaturas dos leitores no site.

ENQUETES

Outra maneira de atrair visitas ao site é promover enquetes, onde eles podem votar e voltar para ver o resultado. Vamos usar um plugin que tem já uma versão traduzida para o português. Ele se chama "democracy poll" e para instalar vamos fazer download de dois arquivos.

O primeiro é o plugin de enquetes e o segundo é a versão em português que encontrei no blog de um usuário que facilitou nosso trabalho traduzindo o plugin.

http://flaviowd.wordpress.com/2007/06/15/democracy-poll-pt-br-enquetes-para-wordpress/

Neste endereço há uma opção para baixar o arquivo "democracy.zip". Faça download e descompacte a pasta "democracy" em seu computador.

Depois baixe o plugin "Democracy Widget" para criar um widget para que possamos colocar a enquete na barra lateral. Baixe o arquivo no endereço:

http://wordpress.org/extend/plugins/democracy/

e descompacte na mesma pasta do anterior. Depois é só enviar a pasta para o servidor e ativar os plugins "Democracy" e "Democracy Widget".

Ativando os plugins irá surgir um novo item no menu "Posts" chamado "democracy poll". Entre nesse item para criar a enquete.

Digite uma pergunta e as possíveis opções de respostas. Você pode adicionar mais linhas para as respostas ou excluir as já existentes. Depois clique em "Criar enquete".

Divulgando o Site — 121

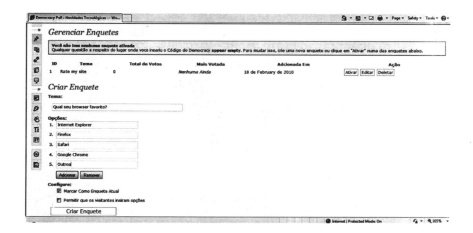

Agora vamos colocar a pesquisa na barra lateral do site. Entre no menu "Aparência/Widgets" e arraste o item "Democracy para a barra lateral". Chamando o site, nossa pesquisa já estará disponível. Acompanhe o andamento das respostas e, caso o retorno esteja sendo baixo, troque a pergunta por uma que chame mais atenção dos leitores.

Capítulo 15:

Links Patrocinados

Divulgar o site entre amigos e parceiros de negócios é uma tarefa relativamente simples. O difícil é gerar tráfego para o site através de uma pesquisa sobre determinado serviço ou produto. Uma das maneiras mais utilizadas na internet são as campanhas de PPC, "pay per click", onde você cria um anúncio em sites de mecanismo de busca ou em sites de empresas que comercializam espaços em suas páginas e paga somente quando alguém clica no seu anúncio. No Google, são os links que aparecem à direita da tela nos resultados das buscas. Eles vêm abaixo do título "Links Patrocinados" conforme mostra a figura abaixo:

Links Patrocinados

Concreto Pronto - ATÉ 24x
(11)2184-7200–Lajes Pisos Calçadas
Engemix - Qualidade Cimento Votoran
www.Engemix.com.br/Auto**Construcao**

Construtora EZTec
Imóveis Residenciais e Comerciais
em SP. Consulte Corretores Online
EZTec.com.br/Construtora

Nicom
Material de Construção
Rua Ática 47 Brooklin São Paulo SP
www.nicom.com.br
São Paulo

Construção Seca é na Leo
Drywall, acessorios e fixadores,
cola, forros, gesso acartonado.
www.LeoMadeiras.com.br

Finalizando a **Construção**?
Ofertas Portas/Janelas/Madeira

As três empresas que comercializam PPC mais conhecidas são Google AdWords, Yahoo! Search Marketing e Microsoft adCenter. Elas funcionam da mesma maneira com pequenas diferenças nos planos e relatórios de monitoramento. Para explicar o funcionamento deste mecanismo vamos utilizar o Google AdWords.

Os anúncios nesses serviços são cobrados através de uma espécie de leilão, onde você determina os valores máximos que quer gastar e o sistema se encarrega de negociar onde ele irá aparecer e em que posição, dependendo dos valores escolhidos, nos sites de busca ou em sites que disponibilizam espaços através do Adsense, conforme veremos no próximo capítulo.

Eles podem ser pré-pagos, onde você adquire créditos e os utiliza em uma campanha, ou pós-pagos, onde o valor é debitado em seu cartão de crédito mensalmente.

Para abrir uma conta nesses serviços é necessário informar os seus dados cadastrais, um CPF ou CNPJ válido e informações de cartão de crédito se o plano escolhido for o pós-pago. Para o pré-pago será gerado um boleto e o valor estará disponível depois da compensação do pagamento.

Entre em:

http://www.google.com/adwords

E abra uma conta. Para ativar a conta é necessário pagar uma taxa de ativação de R$ 20 e escolher entre o plano pós-pago ou pré-pago. Se for pós-pago obrigatoriamente devem ser fornecidos os dados de cartão de crédito e a conta estará ativa na hora. Caso escolha pré-pago você deve escolher o valor para adquirir créditos, mínimo é de quarenta reais, e ele irá gerar um boleto para pagamento em banco. A conta estará ativa em até três dias úteis após o pagamento.

Conta ativada, o passo seguinte é criar uma campanha. Você deve criar um anúncio de até quatro linhas, sendo que a primeira linha é o título do anúncio e a última linha é a URL de seu site. Também é necessário escolher quanto você quer gastar por dia e quanto está disposto a pagar como máximo por um clique em seu anúncio.

Comece com valores baixos para testar a eficiência. Lembre-se que o valor será debitado em sua conta apenas quando alguém clicar no seu anúncio, e depois de algum tempo será possível avaliar melhor o quanto esses cliques estão se convertendo em negócios para sua empresa e quanto vale a pena pagar por eles.

Testar e monitorar o anúncio são as maneiras mais eficazes de ter sucesso em uma campanha de PPC. Você pode criar vários anúncios e monitorar, através dos relatórios disponíveis no site do Adwords, qual está gerando mais cliques.

A grande vantagem de anunciar na internet em relação a outras mídias é poder escolher quem você quer que visualize seu anúncio, como veremos nos próximos passos. Vamos começar a criar uma campanha.

Clique em nova campanha e dê um nome para a campanha.

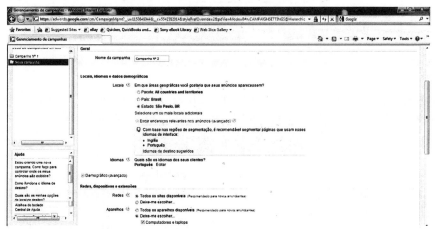

LOCAIS, IDIOMAS E DADOS DEMOGRÁFICOS

Escolha entre qualquer país ou território, ou só no Brasil, ou só no estado e caso necessário clique em selecionar um ou mais locais adicionais. Também é possível escolher o idioma ou idiomas pesquisados onde o anúncio deve aparecer.

Dados demográficos são opções avançadas e servem somente para anúncios realizados em sites de conteúdo que fornecem informações de sexo e idade de seus leitores. Baseado em estatísticas passadas, é possível escolher esses dados para os próximos anúncios. Por enquanto não faça nada.

REDES, DISPOSITIVOS E EXTENSÕES

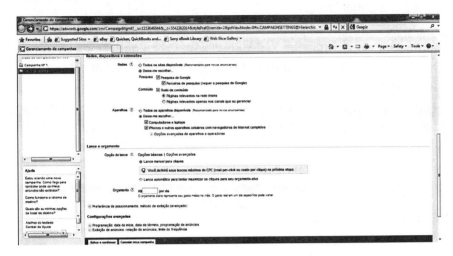

Redes referem-se a sites da rede de conteúdo ou sites que contenham pesquisas do Google ou o próprio site do Google. Recomendamos para iniciantes deixar em todos os sites disponíveis, para depois avaliar nos relatórios onde o anúncio teve um número maior de cliques.

O mesmo para "Aparelhos". É possível escolher se o anúncio aparece em qualquer tipo de aparelho, ou somente em computadores e laptops, ou somente em aparelhos móveis, como celulares e smartphones. Para segmentar ainda mais o anúncio é possível escolher o sistema operacional dos aparelhos móveis e a operadora clicando em "Opções avançadas de aparelhos e operadoras".

LANCE E ORÇAMENTO

É possível escolher entre duas opções de anúncio para o seu site. Essas opções dependem do objetivo a ser alcançado pelo anúncio.

CPC – Custo por clique. Essa opção deve ser usada se o objetivo da campanha é levar mais gente ao seu site para conhecer a empresa, preencher cadastro, comprar on-line, etc., onde você define o valor máximo que está disposto a pagar por um clique em seu anúncio. Nessa opção você só paga se o anúncio for clicado.

CPM – Custo por mil impressões. Essa opção deve ser usada se o objetivo da campanha é somente a exibição do anúncio, sem a necessidade de gerar tráfego no site. O valor definido será o valor por mil impressões, independente de cliques no anúncio. Impressões nesse caso, tem o significado de exibições nas telas de busca.

Nas duas opções, o que determina o posicionamento do anúncio e a qualidade dos sites onde ele será exibido é o valor escolhido. Valor muito baixo irá levar o anúncio a sites com menos concorrência.

O anúncio irá aparecer na rede de anunciantes parceiros (Adsense conforme veremos no próximo capítulo) e também no site do próprio Google em uma determinada busca onde constam as palavras chave, a serem escolhidas na próxima etapa.

Orçamento – Informe aqui o valor máximo que está disposto a pagar por dia em uma determinada campanha. Esse valor será utilizado para definir o valor máximo mensal, podendo variar diariamente.

Escolha os valores, clique em salvar e continuar e crie o anúncio. Digite o texto e o Adwords irá sugerir palavras chave. Escolha entre as sugeridas ou inclua palavras ou frases que ao serem pesquisadas poderão mostrar seu anúncio.

Depois de publicado, acompanhe o andamento de suas campanhas através dos relatórios fornecidos pelo site. O sucesso de uma campanha de PPC depende inteiramente do monitoramento das conversões que os cliques podem gerar no seu negócio e do monitoramento das palavras chave. Saber quais palavras realmente estão trazendo retorno para os seus anúncios irão ajudar na criação dos próximos anúncios e evitar gastos desnecessários.

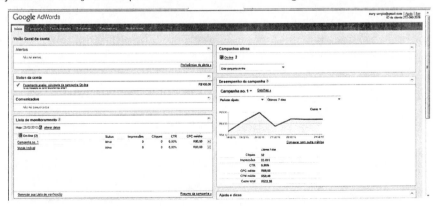

Na guia Relatórios no site do AdWords você poderá criar seus próprios relatórios de monitoramento. Esses relatórios são dos tipos Estatísticos, Financeiro e de Conversões e, além disto, você pode criar relatórios de desempenho para avaliar o resultado obtido através de cada palavra chave escolhida.

O Yahoo! Search Engine possui uma opção paga de gerenciamento de sua campanha de PPC. Pagando uma taxa de U$ 199 um especialista da empresa auxilia na sua campanha. Os anúncios PPC do Microsoft adCenter são distribuídos no portal MSN e na rede Live Search. A Microsoft exige o fornecimento de um cartão de crédito antes de começar e tem uma taxa de ativação de U$ 5.

Capítulo 16:

Anúncios no Site

Dependendo do contexto do site, é possível disponibilizar espaço em suas páginas para publicação de anúncios de terceiros. Muitos blogs e sites disponibilizam esse espaço para obter uma renda extra e pagar os custos de manutenção e hospedagem. Se o seu site tiver um bom tráfego, o valor pode ser bem maior que o custo dele.

Maneira mais simples é através de programas de afiliados como o Adsense do Google, onde você disponibiliza o espaço e eles cuidam do resto. Você ganha cada vez que alguém clicar em um anúncio do seu site. Existem vários outros programas de afiliados na web e valem ser testados. Alguns conhecidos são:

http://pmsapp.mercadolivre.com.br/jm/pms

http://**www.uolhost.com.br/afiliados**

http://afiliados.submarino.com.br/affiliates/default.asp

Os passos para colocar anúncios em seu site utilizando o site AdSense do Google são:

1) Abra uma conta no site do AdSense.
2) Escolha o tipo de anúncio que você quer em seu site. Texto, gráfico ou os dois tipos.
3) Escolha o tamanho do anúncio.
4) Defina cores e critérios para o anúncio.
5) Adsense gera um código para o anúncio. Copie este código para colar em seu site.

130 — Desenvolvendo Blogs e Sites com Wordpress sem Programação

6) Instale um plugin no site para receber o código gerado no Adsense.

7) Escolha no plugin a posição onde os anúncios serão colocados.

8) Cole o código gerado para cada anúncio nos locais mostrados pelo plugin.

Depois é só chamar o site e os anúncios irão aparecer. Eles são dinâmicos, cada vez que você chamar seu site irá aparecer um anúncio diferente.

O valor que você irá receber por um clique em um anúncio de seu site é variável e depende do valor que os anunciantes estão dispostos a pagar por ele. Conforme vimos no AdWords, os anunciantes determinam quanto estão dispostos a pagar por um clique e o Google gerencia onde cada anúncio irá aparecer.

Um site com poucas visitas não desperta muito interesse dos anunciantes e o valor do clique acaba ficando mais baixo do que um site com tráfego alto. Em um site novo com tráfego baixo, esse valor gira em torno de U$ 0,04 por clique. Programa começa a dar resultado com o aumento de tráfego no site. Mais visitas ao site significam mais cliques nos anúncios e um valor maior por clique.

Abrir uma conta e disponibilizar o espaço em seu site para a publicação de anúncios não tem custo nenhum. Então vale a pena começar, mesmo com o site no começo e ainda com pouca visibilidade.

Antes de tudo é necessário se inscrever no programa.

Entre no site

http://**www.google.com/adsense**

Informe seu usuário e senha de qualquer serviço do Google. Pode ser a mesma que você utilizou ou criou para entrar no Google Analytics. Se ainda não abriu uma conta no Google Analytics, faça isso primeiro.

Para ter uma conta no Google Adsense é necessário informar nome, endereço, CPF no caso de pessoa física ou CNPJ no caso de jurídica, e a URL de seu blog. Depois de informar todos seus dados é necessário esperar um e-mail com a confirmação de aceitação no programa.

Depois de ativar sua conta, entre no site do AdSense e vá à aba "Configuração do AdSense" no menu inicial.

Aparecem quatro tipos de anúncio para serem escolhidos.

AdSense para conteúdo – Cria anúncio para ser exibido em sites de conteúdo ou de acordo com o público alvo do seu site. No nosso exemplo iremos usar essa opção.

AdSense para pesquisas – Caso você inclua em seu site uma caixa de pesquisa do Google direcionando o resultado da busca para o Google, essa opção permite criar anúncios para serem exibidos nesta página.

AdSense para feeds – Permite criar anúncio para serem exibidos no endereço do site para feeds. Anúncios serão recebidos nos programas de RSS.

AdSense para domínios reservados – Opção utilizada para criar anúncios em páginas sem conteúdo.

Vamos clicar em "AdSense para conteúdo" e escolher um tipo de anúncio que pode ser um bloco ou uma lista de links conforme os dois exemplos abaixo:

Na página

https://www.google.com/adsense/static/pt_BR/AdFormats.html

Encontramos vários exemplos para entender melhor o que é anúncio de texto ou gráfico e ter uma ideia dos tamanhos disponíveis para depois encaixar no site.

132 — Desenvolvendo Blogs e Sites com Wordpress sem Programação

Anúncios de texto:

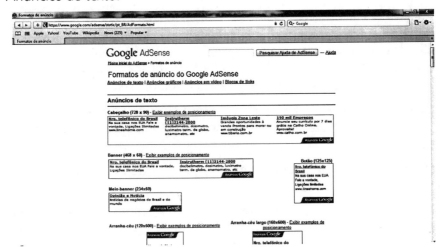

Cada anúncio tem um nome e uma medida. Esses nomes devem ser informados na criação do anúncio. Você pode gerar quantos códigos de anúncio quiser. Se não usar depois não tem o menor problema.

Para que o anúncio apareça no site será necessário copiar o código gerado aqui nas páginas do site. Veremos isso depois, através da instalação de um plugin.

Anúncios gráficos:

Pelas regras do Google você pode colocar até três blocos de anúncio em cada página, não mais que isso. Você vai gerar um código de cada vez e colar no plugin.

Para colocar um banner no cabeçalho de seu site, por exemplo, podemos escolher o anúncio gráfico que se chama "Cabeçalho" e mede 728x90.

Analise os tamanhos de anúncio disponíveis, escolha o tamanho que se encaixa no espaço que você está disponibilizando no site e gere o código. O site mostra um código parecido com o código abaixo. Não se preocupe com o conteúdo desse código. Apenas copie o comando todo para ser colado no site.

```
<script type="text/javascript"><!--

google_ad_client = "pub-2222440476330112";

/* 300x250, criado 26/11/09 */

google_ad_slot = "4850207462";

google_ad_width = 300;

google_ad_height = 250;

//-->

</script>

<script type="text/javascript"
src="http://pagead2.googlesyndication.com/pagead/show_
ads.js">

</script>
```

Agora vamos instalar um plugin no site para colar esse código. Existem vários plugins para integrar com o AdSense mas vamos utilizar um chamado "Easy Adsense" que é um dos mais utilizados.

Entre em

http://wordpress.org/extend/plugins/easy-adsenser/

e faça download do plugin. A instalação é padrão e deve ser feita do mesmo modo que fizemos as anteriores. Descompacte o arquivo e envie a pasta para o diretório "wp-content/plugins" no servidor. Depois é só ativar o "Easy Adsense".

Clicando na opção "Configurações", logo abaixo do nome "Easy Adsense" na tela de plugins instalados, irá aparecer a tela abaixo:

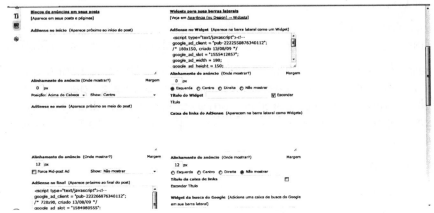

Do lado esquerdo você deve colar os códigos de anúncio. O primeiro quadro é para anúncio no cabeçalho do post, depois no meio e por último no rodapé. Você pode alterar o alinhamento do anúncio.

No nosso caso, devemos colar aquele código gerado para o cabeçalho no primeiro quadro a esquerda dessa tela. Então é só clicar em "Save" e o anúncio já vai aparecer no site na posição escolhida. Na primeira vez pode demorar alguns minutos para aparecer. Caso não tenha ficado bom, basta entrar nessa tela novamente, apagar o código que você colou e ir ao Google Adsense e escolher outro tipo. Você pode testar a vontade. Gere quantos códigos quiser no site da Google e cole no site, até que a pagina fique do jeito que agrade a você.

No site do AdSense existem vários relatórios para acompanhar os cliques e verificar quanto o anúncio está rendendo. No começo os cliques serão baixos e o valor do clique também. Esse é um trabalho de paciência e dará resultado com o aumento de tráfego no site. Pode levar vários meses até que os resultados comecem a aparecer.

Não caia na tentação de ficar clicando nos anúncios de seu site. O Google monitora de onde vêm os cliques e você corre o risco de ter sua conta bloqueada.

Capítulo 17:

Backup

Acidentes acontecem, e mesmo sabendo que as empresas de hosting fazem backup dos dados do site, faça backup você também. Nunca se sabe o dia de amanhã, e o relacionamento com essa empresa é um relacionamento comercial, que pode terminar por vários motivos, e mesmo sendo obrigação deles ter backup do seu trabalho, crie o hábito de salvar pelo menos uma vez por semana. Fazer backup de um site desenvolvido no wordpress é uma tarefa bastante simples.

Temos que salvar os programas do site que ficam na pasta Wordpress que se encontra no servidor e temos que salvar o banco de dados Mysql onde ficam as configurações e conteúdo do site.

Para salvar a pasta Wordpress basta acessar o servidor via FTP, usando o Filezilla e fazer a operação inversa de quando instalamos um plugin. Transfira a pasta toda do Wordpress para o seu micro arrastando a pasta do quadro à direita no Filezilla para o quadro da esquerda em qualquer pasta do seu computador.

Para salvar o banco de dados precisamos instalar um plugin chamado "Wordpress Database Backup". Entre em:

http://wordpress.org/extend/plugins/wp-db-backup/

Faça download do plugin e instale da mesma maneira que instalamos os outros. Descompacte a pasta e envie para a pasta "wp-content/plugins" de seu servidor. Depois clique em "ativar".

Irá aparecer um novo item no menu "Ferramentas" chamado "Backup". Entrando nesse item, teremos uma tela com as seguintes opções:

TABLES

As tabelas principais do banco de dados já serão salvas e não é necessário fazer nada. As que vêm como opção para serem escolhidas são as de alguns plugins que criam tabelas no banco de dados. Principalmente as tabelas de estatística de acesso ao site. Para garantir que tudo volte como era antes, selecione todas, mesmo que o backup fique um pouco mais lento.

BACKUP OPTIONS

Neste quadro temos três opções:

Save to server – Plugin salva em um arquivo na empresa de hosting.

Download to your computer – Plugin salva em um arquivo no seu computador.

Email backup to – Plugin envia a salva para o email informado.

Escolha uma das três opções e clique em "Backup now!".

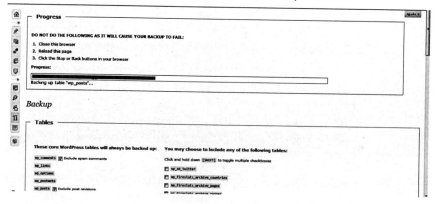

Quando atingir 100% aparecerá a tela para você escolher onde salvar em seu computador, se essa foi a opção escolhida. Escolha uma pasta e ele irá gravar nessa pasta um arquivo que contém as instruções para recuperar o banco de dados.

SCHEDULED BACKUP

O quadro seguinte contém as opções para agendar o backup. Funciona da mesma maneira, só que ele faz o backup na frequência selecionada e envia para o email informado.

Tendo os arquivos de backup em seu computador, faça também uma cópia de segurança em CD ou DVD, é mais garantido.

RECUPERANDO O SITE

Caso tenha que restaurar siga as seguintes etapas:

1) Envie para a empresa de hosting a pasta Wordpress que você salvou via o Filezilla. Dessa vez, arraste a pasta quadro da esquerda (seu computador) para o quadro da direita (computador do hosting).

2) Crie o banco de dados novamente e acesse via "PhpMyAdmin".

3) Escolha a opção "Importar" e informe o caminho onde se encontra o arquivo de backup gerado pelo plugin.

Voltando a pasta e o banco de dados, o site voltará a funcionar do ponto onde foi salvo pela última vez.

Outro plugin útil para facilitar a administração do backup é o "WP-PhpMyAdmin". Ele permite ter acesso ao PHPMyAdmin diretamente do painel de controle do Wordpress. Para instalar entre em:

http://wordpress.org/extend/plugins/wp-phpmyadmin/

Faça download do plugin, envie para o servidor e ative. Depois de ativado será criado um item novo no menu "Ferramentas" do painel de controle chamado "Phpmyadmin". Só clicar e administrar o banco de dados.

138 — Desenvolvendo Blogs e Sites com Wordpress sem Programação

Capítulo 18:

Wordpress Multi Usuário

WPMU ou Wordpress Multi Usuário é a versão do Wordpress para criar vários sites e blogs com uma só versão do software instalado. O usuário mais famoso dessa versão é o Wordpress.com, que possui vários usuários, cada um com seus temas, plugins e conteúdos.

Se você quer criar e comercializar sites utilizando o Wordpress ou quer criar um portal onde os usuários possam criar blogs, esta é a versão que deve ser instalada.

O software é gratuito e de código aberto, o que significa que você pode transformá-lo de acordo com suas necessidades.

A diferença na instalação é que você não deve alterar o arquivo "wp-config-sample.php", mas deve ter as mesmas informações guardadas de nome do host, nome do banco de dados, usuário e senha. Caso já tenha criado uma instalação do Wordpress simples, não aproveite as informações do banco de dados. Crie um novo banco de dados na empresa de hosting, e utilize as informações do novo banco de dados.

Para instalar o Wordpress MU entre em:

http://mu.wordpress.org/download

e faça download da última versão do software.

O site do Wordpress só contém a versão em inglês. É possível encontrar no site da comunidade brasileira de Wordpress uma tradução, mas verifique se a versão é a mesma do software que você está baixando. Para utilizar a versão traduzida, faça download do Wordpress MU na mesma versão da tradução disponível neste site.

http://wp-brasil.org/wordpress-mu

Descompacte o arquivo e troque o nome da pasta descompactada para algo mais simples como "wpmu". Isso facilitará o acesso ao site depois. Não altere nenhum arquivo dessa pasta. Transfira a pasta toda para a empresa de hosting utilizando o Filezilla.

Após a transferência entre em:

http://www.nomedoseusite.com.br/wpmu

E irá aparecer a tela de instalação do software, conforme abaixo.

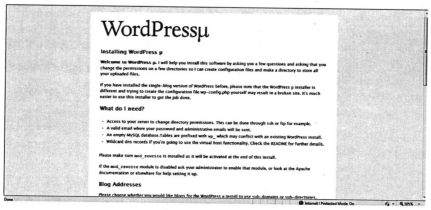

Nessa tela você deve informar as configurações de um banco de dados Mysql. Database name, user name, password e host, para nome do banco de dados, usuário, senha e host respectivamente.

No quadro seguinte "Server Name" você deve informar a URL onde instalou a pasta WPMU, sem o "www" e sem o "http://". Algo como:

nomedoseusite.com.br/wpmu

Depois informe o seu email. Verifique junto à empresa de hosting se a pasta "wpmu" ficou com permissões de gravar, caso contrário será necessário trocar as permissões, senão o software não conseguirá fazer a instalação. Essa troca pode ser feita no painel de controle da hospedagem ou acionando o suporte da empresa. Vai depender de como a empresa contratada trabalha com arquivos.

Depois clique em "Submit". Um email será enviado para a conta informada nesta tela com a senha para o usuário "Admin" e irá aparecer a tela abaixo:

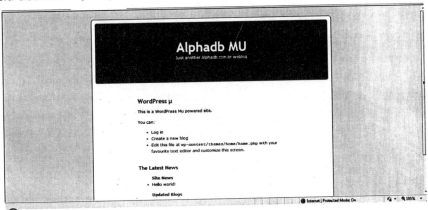

Clique em login e informe o usuário "admin" e a senha que foi enviada por email. Da mesma maneira que a instalação do Wordpress mono usuário, troque a senha gerada automaticamente por uma mais fácil de ser lembrada.

Acessando o painel de controle do Wordpress MU, a maior diferença é um novo item no menu chamado "Site Admin". Entrando na opção "Blogs", irão aparecer os blogs criados nessa conta. Apesar do nome blogs, opção serve para criar vários sites. Nessa tela será possível criar um novo site ou administrar os existentes. Para cada site criado na conta você tem a opção de ativar, excluir, suspender, alterar ou marcar como SPAM. Para incluir um novo site é só clicar em "Create New Blog".

Cada site que você criar poderá ter seus próprios temas, plugins e conteúdos. Caso queira disponibilizar para usuários registrados criarem sites e blogs, você deve entrar no item "Options" do menu e habilitar a opção "Allow new registrations" para "Enabled".

Habilitando essa opção você estará permitindo que as pessoas criem sites e blogs em seu site acessando o endereço:

http://www.nomedoseusite.com.br/wpmu/wp-signup.php

Pronto, você acaba de se tornar um concorrente para o "wordpress.com". As outras opções são para customizar as mensagens e e-mails a serem enviados para os donos de blogs do seu site. Caso queira utilizar o WPMU somente para que você possa criar vários sites utilizando uma instalação só do Wordpress, deixe esta opção desabilitada e crie os diversos sites no painel de controle.

As outras funções devem ser usadas da mesma maneira que a versão mono do Wordpress.

APÊNDICE I:

Plugins Úteis

A seguir segue uma relação de outros plugins que também podem ser úteis na criação de sites.

PodPress

http://wordpress.org/extend/plugins/podpress/

Permite a inclusão de vídeos e arquivos de mp3 do seu computador para as páginas do site, permitindo que os visitantes façam download. Também integra com o Itunes da Apple.

WP-Post Views

http://wordpress.org/extend/plugins/wp-postviews/

Mostra quantas vezes uma página ou um post foram vistos.

Popularity Contest

http://wordpress.org/extend/plugins/popularity-contest/

Através de uma contagem no número de acessos de cada post, quantidade de comentários e outros parâmetros, ele cria um ranking de popularidade para cada post.

Mail Press

http://wordpress.org/extend/plugins/mailpress/

Permite o envio de emails formatados em HTML ou texto para os visitantes que fizeram comentários ou se registraram no site.

WPTouch Wordpress Plugin

http://www.bravenewcode.com/products/wptouch/

Identifica quando o site esta sendo acessado de um smartphone e mostra o conteúdo em um tema próprio para esses aparelhos.

WP Super Cache

http://wordpress.org/extend/plugins/wp-super-cache/

Aumenta a velocidade com que o site é mostrado mantendo em arquivos HTML estáticos o conteúdo do site na memória do servidor Apache.

Multi Level Navigation Plugin

http://wordpress.org/extend/plugins/multi-level-navigation-plugin/

Gera o código necessário para incluir vários tipos de menu no site. Através do plugin é possível escolher que páginas ou posts irão aparecer no menu.

kPicasa Gallery

http://wordpress.org/extend/plugins/kpicasa-gallery/

Este plugin faz com que você mostre em suas páginas ou posts as galerias de fotos que se encontram em sua conta do Picasa gerando apenas um código. As fotos continuam armazenadas no Picasa.

Wordpress Flickr Manager

http://wordpress.org/extend/plugins/wordpress-flickr-manager-1/

Permite incluir fotos diretamente da conta do Flickr para qualquer página ou post.

WP-VISITORS

http://wordpress.org/extend/plugins/wp-visitors/

Mantém uma lista com várias informações de todas as pessoas que visitaram o site, como URL, de onde eles vieram, endereço IP, data e hora do acesso, browser utilizado e a localização geográfica aproximada do acesso.

EASY SMS

http://wordpress.org/extend/plugins/easysms/

Permite mandar mensagens SMS para os usuários cadastrados cada vez que um novo post for criado.

cFORMS II

http://www.deliciousdays.com/cforms-plugin/

Plugin para inclusão de formulários no site com uma grande variedade de tipo de itens e estilos. Tradução em português pode ser encontrada no mesmo site.

APÊNDICE II:

Sites úteis

WORDPRESS

Site oficial do wordpress.org

http://worpdress.org

Site do wordpress.org em português

http://pt-br.wordpress.org

Site do wordpress.com

http://wordpress.com

Site do wordpress.com em português

http://pt-br.wordpress.com/

Site oficial de temas do wordpress.

http://wordpress.org/extend/themes/

Site oficial de plugins do wordpress.

http://wordpress.org/extend/plugins/

Site oficial do Wordpress MU

http://mu.wordpress.org/

Site da comunidade brasileira de Wordpress

http://wp-brasil.org

Site brasileiro do Wordpress-mu

http://wp-brasil.org/wordpress-mu

Blog de ajuda ao Wordpress

http://www.ajudawp.com/

Temas pagos para Wordpress

http://wordpress.org/extend/themes/commercial/

Temas diferentes para Wordpress

http://www.graphicdesignblog.org/20-awesome-wordpress-themes/

HOSPEDAGEM SITES

Hospedagem Local

http://www.hospedagemlocal.com.br

UOL

http://www.uolhost.com.br/registro-de-dominio.html

Locaweb

http://locaweb.com.br

King Host

http://www.kinghost.com.br

Hotel da Web

http://www.hoteldaweb.com.br

Host Match

http://www.hostmatch.com.br

Globo Web

http://www.globoweb.com.br/

Site oficial wordpress para hospedagem nos EUA

http://wordpress.org/hosting/

Ganhe Dinheiro com seu Blog Utilizando o Twitter

Autor: Sérgio Ayroza Cury

128 páginas
1ª edição - 2010
Formato: 14 x 21
ISBN: 978-85-7393-938-5

Através de instruções passo a passo você aprenderá a criar um blog com aparência profissional, utilizando a ferramenta mais robusta no mercado para criação de blogs, o "Wordpress". Aprenderá a escolher temas e miniaplicativos, conhecidos como plugins, disponíveis gratuitamente na internet para dar uma aparência única e personalizada ao seu blog e, depois, disponibilizar na internet em domínio próprio. Com o blog no ar, você terá dicas de como melhorar a posição dele nos sites de busca, colocar anúncios dinâmicos, monitorar os leitores e trazer visibilidade ao site utilizando o Twitter, que vem se tornando uma poderosa ferramenta de marketing e é utilizada por mais de cem milhões de usuários no mundo. Cada vez que alguém clicar em um anúncio de seu blog é dinheiro entrando em sua conta corrente, e o Twitter pode ser um grande aliado para aumentar o número de leitores.

À venda nas melhores livrarias.

Impressão e acabamento
Gráfica da Editora Ciência Moderna Ltda.
Tel: (21) 2201-6662